JN265533

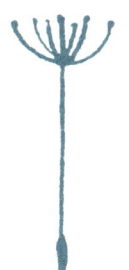

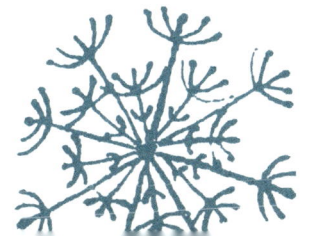

原発と教育

原発と放射能をどう教えるのか

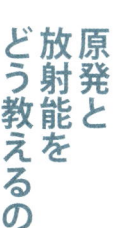

はじめに

二〇一一年の三月十一日に起きた東日本大震災による未曾有の地震・津波によって発生した原発事故と放射能の拡散という衝撃的な出来事は、私たちのこれまでの考え方や生き方そのものを、根底から問い直すような歴史的な出来事であったように思います。

この出来事をきっかけに、それまで一介の高校教師であった私は、自分の担当する授業の中で、生徒たちに「原発と放射能の授業」を始めるようになっただけでなく、一般の市民に向けての「原発出前授業」というものを各地で行うようになりました。その回数は、昨年末ですでに二百五十回に達し、いまだに出前授業の注文は続いています。

あれから三年もの年月が経ち、新聞やテレビでも原発や放射能に関するニュースが取り上げられることが少なくなってきているにもかかわらず、市民の皆さんの「原発と放射能」についての「知りたい・学びたい」という要求は、いまだに高いものがあるように思います。一方で、今私がいる教育や学校の世界では、これだけの衝撃的な出来事が起きたにもかかわらず、「原発と放射能」について、これをしっかりと子ども（児童・生徒）たちに教えていこうという実践や論議は、ほとんど広がっていないように思います。

今回、わが国で、このような未曾有の原発事故と放射能の拡散という事態が起きたことの原因の一つに、これまで国民に対して、「原発と放射能」のことが、しっかりと「知らされていなかった」「教えられてこなかった」ということがあると思います。そういった意味で、私のような一介の高校教師にも、これまで「原発と放射能」のことを、生徒たちにしっかりと「教えてこなかった」ということでの、「無作為の責任」があるのではないかと思っています。

この本は、そのような私自身の反省の中から、子ども（児童・生徒）たちに、そして市民の皆さんに、教師として、そして一人の人間として、どのように「原発と放射能」のことを教え、伝えていかなければならないのかについて、私自身がこの間、取り組んできた「原発と放射能の授業」や「原発出前授業」などを通して考えてきたことを中心にまとめたものです。タイトルの副題から、「原発と放射能」の知識や情報の、教え方・伝え方についてのハウツウやマニュアル的なことを期待した方もいるかもしれませんが、そのような本ではありません。それについては、先に刊行した拙著『原発出前授業①②③』（明石書店刊）に目を通して頂ければ参考になるかもしれませんが、この本では、むしろ「原発と放射能をどう教えるのか」「原発と放射能を教えるとはどういうことなのか」について、教師として、あるいは一人の人間としての「基本的な考え方」について、自分なりに考えたことを書いてみたいと思いました。

この本は、大きく二つのテーマと内容で構成されています。一つは、「原発と放射能をどう教えるのか」というテーマで、私自身が、これまで高校教師として「原発と放射能の授業」や「原発出前授業」に取り組む中で「原発と放射能をどう教えてきたのか」、そして、これから教師として、そして一人の人間として「原発と放射能をどう教えるのか」について考えたことを第一章と第五章、そして終章にまとめました。もう一つは、私自身が教師として生きてきた三十年以上もの間、文部科学省や「原子力ムラ」が、教育や学校現場にどのように介入・浸透していったのかを見ていく中で、これまで「原発と放射能がどう教えられてきたのか（こなかったのか）」について調べたこと、考えたことを第二章から第四章にまとめました。

福島第一原発の事故以後、私たち教師だけでなく、すべての大人たちは、この「原発と放射能」の問題について、しっかりと考えなければならなくなったと同時に、この問題をすべての子どもたちに、しっかりと教え、伝えなければならなくなりました。これから教育や学校の現場で、教師は「原発と放射能」をどう教えていくのか、そして私たち一人ひとりが、市民として、人間として、この「原発と放射能」の問題を、どのように学び合い、考えていかなければならないのか。この本が、そのようなことを考えていく人たちのための、なにがしかの手がかりになり、お役に立つことが出来ればと思っています。

二〇一四年　三月　十一日

川原茂雄

原発と教育

原発と放射能をどう教えるのか

目次

第一章

原発出前授業

原発と放射能の授業をつくる

1　なぜ原発と放射能の授業を始めたのか

○ 三・一一の衝撃

「原発出前授業」という名称の、市民に向けて原発や放射能のことをお話しする公開授業（講演会）を、二〇一一年の五月から始めました。会場としては、主に地域の地区センターや公民館などで行うことが多いのですが、時には小さな喫茶店やカレー屋さんでやることもあります。人数は少ない時で五〜六名、多い時で百名以上ということもあります。対象は小学生から大人まで、原発と放射能についてよくわからないと思っている人、わかりたいと思っている人なら誰でもよく、主に土曜日・日曜日を中心とした私自身の勤務時間外におけるボランティア活動としてやっています。最初はチラシなどを見て知った人から依頼された時に、ぼちぼちとやっていたのですが、その年の六月に地元の新聞で大きく紹介されたことから、全道各地からの講演依頼（出前授業の注文）が殺到し始め、すでに二〇一三年の十二月末までに、その回数は二百五十回に達しています。

私自身は、北海道の札幌市内にある公立高校で社会科（地歴・公民科）を教えている現役の高校教師です。したがって、原発や放射能については、もちろん専門家でも研究者でもありません。そんな私が、どうして「原発出前授業」などという、市民に向けての原発と放射能の授業を、突然始めようと思ったのかというと、それはやはり、あの三・一一の地震と津波、そして、それにともなって起きた原発事故の衝撃からでした。

その日その時、ちょうど私は、勤めている学校の職員室でパソコンの画面をながめていた時でした。突然大きな横揺れが始まり、それはかなり長い時間続きました。職員室の中の物が倒れたり、崩れたりするような激しい揺れではありませんでしたが、その揺れ方に「いやな感じ」を覚えました。それは十数年前、北海道の奥尻島を襲った大地震の時に感じた揺れ方に似ていたからでした。「これはどこか遠くで、大きな地震があったのではないか」、そして同時にあの時に大津波が島を襲ったことから、「今回の地震では、津波は大丈夫なのだろうか？」と直ぐに思いました。

そして、その数十分後、テレビに映し出される大地震による被害状況と、そして押し寄せてくる巨大な津波の信じられない映像に、言葉を失いました。これは本当に現実の映像なのだろうかと、自分の眼を疑うとともに、まさに唖然・呆然という感じでした。そしてさらに、翌日のＴＶニュースで福島第一原子力発電所の一号機が爆発し、危機的な状況であるという報道を目にして、さらに慄然としました。ついにこの国で、起きてはならない大変なことが起きてしまったのでした。

このような事態について、当初、電力会社は「想定外」の事故だったと言っていました。しかし、これはけっして「想定外」の事故ではありませんでした。これまでも多くの人たちが、今回の原発事故以前から想定していたことであり、いつかこのような大事故が起きることを予告し、警告していたことだったのです。にもかかわらず、事故は起きてしまったのでした。なぜ、このような事故を防ぐことが出来なかったのか。なぜ、こうなる前に原発を止めることが出来なかったのか。一体自分は、こんな事故が起きる前に何をしてきたのか（してこなかったのか）。これから、自分は何をしなければならないのか。今回の東京電力福島第一原発で起きた事故は、これまでの私自身の生き方や在り方について、様々なことを問いかけるものでした。

このような原発事故が、いずれ日本でも起きるのではないかということを、私自身もまた、まったく「知らなかった」わけではありません。むしろ、人よりは少しは「知っていた」のかもしれないのです。それはただ、私が高等学校の社会科の教師であるという理由だけではなく、私自身の個人的な経験があるからでした。

○「知っていた者」の責任

私が高校の教師として初めて赴任したのは、北海道の北部の下川町という小さな町にある小さな商業高校でした。まさに私が赴任した年である一九八〇年の十二月に、いきなり『北海道新聞』の第一面に、この下川町が「高レベル放射性廃棄物」の処分場としての候補地となっているという記事が大きく掲載されたのです。自分が今住んでいる小さな町が、地元新聞の第一面に載るような話題となること自体が大変な驚きでしたが、実際社会科の教師でありながら、それまで高レベル放射性廃棄物どころか、原発や放射能についても、まったくといっていいほど無知であった私にとって、その時これがどれくらい重大な問題であるのかということもよくわかってはいませんでした。

その後、下川町では、当時の地元の地区労などの労働組合が中心となって、地元住民による大きな反対運動がわき起こりました。私自身も一組合員として、地域で行われる学習会や反対集会、デモ行進などに参加していくようになりました。そのような地元地域での反対運動の盛り上がりによって、結果的に、高レベル放射性廃棄物は下川町に捨てられるということにはなりませんでした（その後、同じ道北の幌延《ほろのべ》町が処分地の候補地として誘致に手を上げました)。

この時の一連の出来事と経験から、私自身はそれ以後も、意識的に原発と放射能について自ら調べたり、勉強するようになっていったのでした。ちょうどその頃、高校の社会科で新設されたばかりの「現代社会」という科目を担当していたこともあって、原発や放射能についての内容も、その授業の中で積極的に取り上げ、当時の学校の生徒たちに教えていました。特に一九八六年にソ連で起きたチェルノブイリ原発事故の時には、連日の授業の中で取り上げて話題にしていたことから、当時の私は「**チェルノブイリしげお**」というあだ名で呼ばれたほどでした。

けれども、その後いくつかの学校を異動し、担当して教える科目も「現代社会」から他の科目に変わることなどもあって、いつしか私は、授業の中で原発や放射能の話をしなくなっていったのでした。原発がどれほど危険なものであるか、放射能がどれほど恐ろしいものであるかということを、私自身はよく「知っていた」のに、この十数年の間、それを学校の授業の中で、私は生徒たちに語っていなかったのです。さらに言えば、もしかすると、いつか日本の原発でも大事故が起きるのではないかということを「知っていた」のに、私自身は何もしてこなかったのです。「知らないで」何もしなかったのではなく、「知っていた」

のに何もしてこなかったのです。そういった意味で、今回のこのような原発事故が起きてしまったことについて、**私自身にも、「知っていた」のに「何もしてこなかった」という「不作為の責任」があるのではないか**ということを強く思わされたのでした。

○「原発と放射能の授業」をつくる

三・一一以降に東京電力福島第一原発で起こった衝撃的な事実と現実を目の前にして、私自身もまた、痛烈に反省をしなければなりませんでした。日本の原発が、このような大事故を起こすことを「知っていた」のかもしれないのに、何もしてこなかった、何も伝えてこなかった。一人の教師として、市民として、人間として、本当は何をしなければならなかったのか、そして、これから何をしなければならないのか、このこともまた、痛烈に考えさせられました。

私がまず思ったことは、一人の教師として、そして人間として、今、自分の目の前にいる生徒たちに、自分が原発や放射能について知っていたこと、わかっていたことを、とりあえずしっかりと教え、伝えていかなければならないのではないかということでした。

さっそく、三・一一と原発事故が起きた翌週の月曜日、ちょうど学校は三学期末で、すでに期末試験も終わり、今年度はこれがもう最後という「現代社会」の授業の中で、とりあえず「今、福島で起こっていること」のお話を生徒たちにしました。たった一時間の授業でしたが、自分が知っている限りの知識と情報で、その時に福島第一原発で起きているだろうと想定される事態の説明を生徒たちに伝えました。もう学年末であったので、すでに成績も付け終わっており、ほとんど「消化試合」のような授業であったにもかかわらず、生徒たちはみな真剣に聞いてくれていたように思います。私にとっては十数年ぶりの、この「原発の授業」によって、かつての「**チェルノブイリしげお**」は、新たに「フクシマしげお」として再び復活したのでした。

しかし、この時の「原発の授業」は、あくまでも突発的な投げ込みの「授業」であり、内容や構成についても、しっかりと考えられたものとはいえず、とりあえず、その時起きていた原発事故の状況を説明するだけの授業でした。もっとしっかりとした教材研究をして、授業の全体の構成もきちんと考えた上で、本格的な「原発と放射能の授業」をつくらなければならない、そしてそれをもっと多くの生徒たちにしっかりと伝えていかなければならない、そう考えた私は、その年の春休み期間中に、かつて集めてあった原発や放射能に関する本や資料を読み直していきました。それと同時に、三・一一以降の「原発と放射能」に関する新聞記事や雑誌記事を集めたり、インターネットを通じて様々な情報を集めていきました。そして、それらを元にして、新学期の四月から担当する二年生の教科「現代社会」で、その冒頭にある「私たちの生きる現代社会」の単元の中で、「原発と放射能」の問題を取り上げるという授業計画の案をつくりました。その内容は以下のようなものでした。

①「今、フクシマで起こっていること―原発のしくみと原発事故―」
②「広がっていく放射能汚染―放射性物質と放射線―」
③「チェルノブイリで起こったこと―レベル七の現実―」
④「核のゴミはどこへ―核燃料サイクルと放射性廃棄物―」
⑤「隠されている情報と真実―原発とわたしたちの未来―」

当初、この内容を六〜七時間で実施することも考えたのですが、年間の指導計画における授業時間の配分の関係から、最終的にはこの内容を四時間の授業で編成し、実施しました。私自身は二年生の「現代社会」八クラスのうち四クラスを担当しており、あとの四クラスは別の先生が担当していたのですが、この「原発と放射能の授業」だけはすべて私が授業をやらせてもらいました。

一日六時間授業のうち五時間も授業をやる日があったり、二クラスをいっぺんに大きな教室に入れて合同で授業をやったりと、この授業をやっていた期間はけっこう大変だったのですが、この授業を受けていた生徒たちにとっては、つい一か月前に起きたばかりの衝撃的な出来事でもあり、また当時テレビなどでも連日報道していた事でもあったので、かなり高い関心や興味をもって授業にのぞんでくれていたように思います。

この授業では、すべて視聴覚教室を使用して、基本的にパソコンとプロジェクターを使い、パワーポイントのスライドを見せながら、最新の原発事故の写真映像だけでなく、テレビやインターネットなどからの映像や音楽なども活用したメディア・ミックスでの授業展開を行いました。ある意味、私自身のこれまでの社会科教師としての知識と経験、「授業づくり」のワザの全てを注ぎ込んでつくりあげていったのが、この「原発と放射能の授業」だったかもしれません。

基本的には、原発と放射能の内容について、あまり詳しい専門的な知識には深入りせずに、池上彰氏のニュース解説風に「ざっくりと」、「わかりやすく」説明していくことと、

自校の視聴覚教室で「原発と放射能の授業」を行う著者と授業風景

いたずらに原発や放射能についての「恐怖」や「不安」をあおらず、その時点での得られる限りの事実や真実の情報に基づいて、今、何が起きているのか、そして今、何が問題となっているのかを、生徒たちにしっかりと伝えることを心掛けました。

生徒たちは、私自身の、このような四時間にわたる「現代社会」での「原発と放射能の授業」を受けて、それなりに真剣に聞いてくれましたし、またしっかりと受け止めてくれていたように思います。それは授業の最後に書いてもらった生徒たちの感想文からも感じ取ることができました。四時間目の「原発と放射能の授業」の最後に、当時ネットで流れていた斉藤和義さんの『ずっとウソだったんだぜ！』の曲を、生徒たちに聞かせました。その授業が終わったあと、生徒たち数人が、この「ずっとウソだったんだぜ！」という歌詞を大きな声で歌いながら視聴覚教室から出て行ったのが、とても印象的でした。

2　市民のための「原発出前授業」を始める

○　脱原発のデモ行進に参加する

二〇一一年の四月三日、札幌市内で、福島原発事故以後初めての脱原発を訴える市民に

〈生徒の感想文から〉

「今回の授業で原発のことについて多くのことを学びました。この授業を受ける前までは原発のことはほとんど知りませんでした。しかし、授業を受けて自分の想像していた原発とは違ったものでした。実際の原発は、とても危険なものでした。プルトニウムの半減期が2万4千年だとか、放射能が人体にいろいろな害を与えることなど、驚くことが多々ありました。今回の授業を受けて日本の未来について考えるようになりました。自分が大人になる頃には日本はどうなっているのか正直不安ですが、しっかりと考えていきたいと思います」

（情報技術科　Iくん）

「先生の話がとてもわかりやすかったです。今までは原発事故に対して軽く考えていたけど、先生の話を聞いて考えが変わりました。もっと真剣に考えることが大切だと思いました。自分たちが大人になっても、一生原発問題と向き合っていかなければいけないほど大変な問題なのだと、改めて思いました。私たち高校生も原発や放射能についてもっと深く考え、自分たちが将来安全に暮らせるように、このような事故が二度と起きないようにしなければならないと思いました」

（環境化学科　Sくん）

「僕はこの原発の授業を受けてみて、今までまったく知らなかった原子力発電所の内部の仕組みやどのように動かしているのかを知ることが出来ました。今、福島で起こっている原発事故を考えると、一番最初に思ったことは、「原発は、この時代に必要だったのだろうか？」ということです。なぜそう思うかというと、自然災害が起こった時の危険性を分かっておきながらも深く考えずに原発を作ってしまったということが、今回の事故が起きた一番の原因だと思うからです。もしこのような事故が起きると、見えない放射能がどんどん体を蝕んでいくと考えると、本当に怖いなと思います。もし原発を使いたいのであれば、何があってもそれに対応して、絶対に放射能漏れなどを起こさないようになるまでは、絶対に使わないでほしいと思います」

（情報技術科　Oくん）

「私はこの授業を受ける前までは原発について肯定派の人でした。『核の平和利用』とか『クリーンエネルギー』ということを信じていた訳ではありません。ただ興味がなかったのです。地球温暖化＞原子力発電という感じで、何にせよ、自分の生活ができれば火力でも風力でも原子力でも、どうでもいいかな…と。ですが、今回のこの原発の授業で変わりました。日本に原発が54基もあるとか、プルトニウムの半減期は二万四千年だとか…、知らなかったことが沢山あったんだなと再認識できました。そして、自分が原発について、すごく軽く考えていたという事もしみじみ知ることが出来ました」

（環境化学科　Yさん）

よるデモ行進が行われました。私は翌日の新聞記事で、そのようなデモ行進があったことを知ったのですが、このデモ行進を主催し、市民に参加を呼びかけたのは、札幌市内に住む一人の女性の方だったのでした。その方は、福島での原発事故が起きた後、北海道にある泊《とまり》原発のことが心配になり、今、直ぐにでも泊原発を止めてほしいと思い、まわりの人たちに「原発を止めることを訴えるデモ行進はしないのですか？　署名活動はしないのですか？」と聞いてまわったそうです。しかし、周囲の反応がいまひとつであったため、それならば自分一人でもやろうということで、たった一人で「デモ行進」と「署名活動」の呼びかけを始めたというのです。

彼女にとっては、脱原発の「デモ行進」を市民に呼びかけるのも、警察署への「デモ申請」の手続きをするのも、生まれて初めてのことだったそうです。そして、その四月三日のデモ行進には、労働組合や政党などからの大量動員があるわけでもないのに、口コミとインターネットによるお知らせだけで、なんと二百名以上もの市民が集まったそうです。そして、その時の、次のデモ行進は何時やるのですか？　という参加者の声に、彼女はその一週間後に二回目のデモ行進を再び実施することを計画したのでした。

私は、この二回目のデモ行進のお知らせをインターネットからの情報で知りました。そして、誰からか誘われたわけでもないのですが、たった一人で、自分の意志で、この脱原発のデモ行進に参加しました。これまで労働組合関係の様々なデモ行進には、何度も参加したことはあるのですが、脱原発や反原発関係のデモ行進に参加するのは、なんと一九八〇年の下川町の核廃棄物反対のデモ行進以来のことでした。

この時のデモ行進の参加者は、たしか三百人を越えていたと思います。みな思い思いのプラカードやボードを持って、原発反対や脱原発を訴えるメッセージを叫んだり、歌ったりしている人もいました。これまで私が参加してきたデモ行進に比べて、シュプレヒコールもなく、なんとなく雑然とした感じでしたが、若い人たちや女性たち、それに親子での参加者が目立ちました。

デモ行進が終わったあと、このデモ行進を企画し、主催したIさんから、これからの北海道の脱原発の活動について、集まれる人たちだけでも、今ちょっと集まって話し合いをしませんか、という呼びかけがありました。その時、私は、なんとなくそのまま、その呼びかけについて行きました。そこに集まった人たちには、ほとんど誰も顔見知りはおらず、私自身なんとなく場違いな感じを抱きながらも、その話し合いの場に参加したのでした。

そこで、このデモ行進を呼びかけた張本人であるIさんが、「**これからは皆さんが、そ**

れぞれの場で、それぞれ出来ることから始めていきましょう」とお話しされたことが、私にはとても強く印象に残りました。その話し合いの場では、私自身は、ひと言も発言することはできませんでしたが、「では自分には、一体何が出来るのだろうか？」ということを、自問自答していました。

そして、やはり教師である自分自身には、「授業すること」しかないのではないかと思いました。それも、今、目の前にいる生徒たちにはもちろんのこと、それ以外のもっと多くの人たちに自分の「授業」を聞いてもらうことは出来ないだろうか？　とも考えました。その時に、そんなことを考えたことが、後に市民に向けての「原発出前授業」ということを思いつく大きなきっかけとなったのです。

今度は五月五日の子どもの日に、「福島の子どもたちを放射能から守ろう！」というテーマで、三たび大きなデモ行進をやろうということになり、数日後、私は、その事前打ち合わせの会議に参加しました。その会議の場で、私自身が、今、勤務している学校で、生徒たちにこのような「原発と放射能の授業」をしていますというお話をしました。そして、これを「出前授業」のようなかたちで、広く一般の市民に向けてやることが出来ないだろうかという、私の「思いつき」についても話してみました。すると、すぐにIさんが、「そ

－現役高校教師による原発と放射能の出前授業のご案内－

「原発出前授業」をします!!

子どもから大人まで―よくわからない人のための原発と放射能の授業―

私たち大人は原発と放射能という大変なものを子どもたちに負の遺産として残さなければならなくなりました。私たちはこれまで、どれほど原発と放射能のことをきちんと子どもたちに伝えてきたのでしょうか。いまこそ、私たちは本当のことをしっかりと子どもたちに伝えなければならないのではないでしょうか。4月からの授業でさっそく生徒たちに「原発と放射能」の話をしました。この授業をもっと広く、もっと多くの子どもたちに、そして市民の皆さんにも聞いてもらいたい、そんな思いから「原発出前授業」を始めようと思っています。どこでも、何人でも、原発と放射能についてわかりたいと思う人たちがいれば、そこで授業をやりたいと思います。このチラシを見て興味をもたれた方がおられましたら、下記の問い合わせ先までご連絡ください。

・**目的**：今問題になっている原発や放射能について、なにがどうなっているのかよくわからない人たちのために、現役の高校の教師がわかりやすく授業する。

・**対象**：原発や放射能について、なにがどうなっているのかよくわからない人ならだれでも（一般市民、大学生、高校生、中学生、小学生）

・**授業内容**：ひとこま1時間（60分）で4回分

①いまフクシマで起こっていること－原発のしくみと原発事故－

②広がっていく放射能汚染－放射性物質と放射線－

③核のゴミはどこへ－核燃料サイクルと放射性廃棄物－

④隠されている情報と真実－原発とわたしたちの未来－

・**授業の時間**：4回連続の講座（授業）形式がのぞましいですが、どれか一つ（もしくは二つ）でも可能です。希望があれば90分完結の凝縮版授業もやります。

・**日程**：土曜日か日曜日、もしくは平日の夜で私のスケジュールが空いている日ならいつでもOKです。

・**会場**：公共施設（公民館・地区センターなど）がベスト。喫茶店や個人のお宅でも可。

・**人数**：4～5人でも、100名以上でもOKです。

・**資料**：こちらで用意します。

・**機材**：パワーポイントを使用したいのでパソコンとプロジェクターがあればベストです。

・**講師**：札幌市内の公立高校で社会科（地歴・公民科）を教えている現役教師です。

・**講師料**：公務員ですので講師料は受け取れません。

・**受講料**：会場費・機材のレンタル料が発生した場合は一部ご負担して頂く場合があります。

・**交通費**：遠距離で交通費が発生する場合、実費を補助して頂けるとありがたいです。

問い合わせ先：川原茂雄（かわはらしげお）

携帯番号　000-0000-0000

E-mail　skawahara1217@nifty.com

2011 年 5 月 1 日、札幌市内で行われた第 1 回目の「原発出前授業」

れは面白いですね。是非やってみてください。すぐにペーパー（要項）をつくって出して下さい」と言われました。そうして出来たのが、のちに「原発出前授業」をします!!のチラシの元となる「**原発出前授業実施要項**」でした。

○「ウソをつく専門家」より「本当のことを伝える素人」に

しかし問題は、このような「原発出前授業」を私がやるということを、どうやって広く一般の市民の皆さんに知ってもらうのかということでした。まず試みてみたのは、その年の四月末に札幌市内で行われた脱原発の市民集会である「はんかく祭」というイベントで、参加者に配布されるパンフレットの中に、この「原発出前授業」の要項（チラシ）を折り込んでもらうことでした。この日の参加者は四百名を越えていましたが、脱原発の市民運動の団体にもグループにも属していない、たった一人の個人である一教師が配ったチラシに、どれだけの人が目を止め、関心をもってくれるのかはわかりませんでした。

数日後、私の携帯にある女性の方からの連絡が入りました。私の「原発出前授業」への初めての注文でした。この方からの連絡がきっかけで、とりあえず「原発出前授業」なるものが、一体、どんなものなのかを市民の皆さんに知ってもらうための「デモンストレーション授業」を一度やってみましょうということになり、第一回目となる「原発出前授業」を、五月一日の夜に札幌市内で行うことになりました。これまで、生徒たちを相手にしての授業は、それこそ数え切れないほどしてきた私ですが、一般の市民の皆さんを相手に、それも専門外の原発と放射能についての授業をするというのは、もちろん生まれて初めてのことでした。基本的には、その年の四月から高校生を相手に実施した「原発と放射能の授業」の一時間目の内容を、ほぼそのまま再現したわけですが、参加された皆さんからの評価もまずまずでしたので、ひと安心しました。

こうやって本格的にスタートすることとなった「原発出前授業」なのですが、始める時にちょっと気になったのは、私のような原発や放射能については専門家でも研究者でもない、ある意味まったくの素人が、広く一般の市民の皆さんに向けて、偉そうに「授業」などをしてもよいのだろうか？　ということでした。けれども考えてみると、これまで、どれほどの原発や放射能の専門家や研究者たちが、私たちに「本当のこと」をきちんと伝え、教えてくれたのでしょうか。今回の「原発事故」によって、専門家や研究者と呼ばれている人たちが、これまで、どれほど「ウソ」をついていたのか、本当のことを隠していたのかということが、明らかになったのではないでしょうか。そう考えると、**「ウソをつく専**

門家」よりも、「本当のことを伝える素人」のほうが、まだマシなのではないのか。原発や放射能については、むしろ素人だからこそ、「よくわからない」という一般の市民の皆さんに「わかりやすく・面白く」伝えることが出来るのではないか。改めて、そんな思いから、私自身の「原発出前授業」をスタートしていこうという決意を固めたのでした。

○「出前授業」の注文は、まず女性から

こうして始まった私の「原発出前授業」ですが、最初の一〜二カ月くらいの間、私の「原発出前授業」のチラシを見て、リクエスト（注文）をしてくれるのは、なぜか女性の方々からばかりでした。そして、その多くが子どもを持つ母親の方々でした。これは現在でもそうなのですが、私の「原発出前授業」を企画し、主催してくれる人たちは、生協活動や環境や食に関する市民運動に関わっていたり、「母と女性教職員の会」や民主的な婦人活動に関わっているという女性の方が少なくありません。さらに、このような方々が企画・主催する「原発出前授業」に参加されてくる方々も、その多くは女性で、特に子どもを持つお母さんたちの参加が目立っていました。

チェルノブイリ原発事故の後の時もそうでしたし、今回の福島原発事故の後においても、

まず最初に声をあげて、具体的な行動を始めるのは女性たちから、それもわが子を放射能から守りたいと強く願うお母さんたちからでした。これは、やはり「生命」を産み育てる女性・母親としての生命的（本能的）直観からなのでしょうか、とにかく理屈ぬきで原発と放射能は危険なものであり、私たちの「生命」とは相容れないものなのだという直観的な判断が働いているように思われます。

今、全国的に広がりを見せている「脱原発運動」や「放射能から子どもたちを守る運動」も、その先頭に立ち、その活動の中心となっているのも、圧倒的に女性の方たちのほうが目立っているように思われます。こういう状況を見ていると、やはりこれからの時代、世の中や社会を動かしていく中心や、原動力となっていくのは、間違いなく女性たちであることを確信します。

○　地域に出て行くことの意味

私の「原発出前授業」は、リクエスト（注文）があれば、「参加者は五人からでも、百人以上でもＯＫです！」ということで、参加者の対象も人数も、会場の場所も問わずに、誰にでも、何人でも、何処でもやります、と宣言しています。今でこそ大きな会場で、百人以上も参加するような「原発出前授業」も行われるようになりましたが、最初の頃は（今でもですが）、地域の地区センターや公民館の小さな会議室・研修室や、時には喫茶店やカレー屋さんというような会場で、それこそ参加者が五人くらいの少人数でもやっていました。

そのような会場に来られる参加者のほとんどが、その地域に住まれている「一般の市民」であり、今回の福島での原発事故が起きるまでは、原発や放射能について、ほとんど関心もなく、なにも知らなかったという、本当に「普通の人たち」ばかりでした。そのような人たちが、この福島での原発事故をきっかけにして、原発や放射能について、それがどういうものであるのか、今どうなっているのかについての関心を持ち、私の「原発出前授業」に、わざわざ足を運んでこられるのでした。

参加される方には、女性、特に子どもを持つ母親たちが目立つということは先にも述べましたが、どこの地域の会場でも、ご年配の方が何人か参加されていることも、よくあります。そして、これは本当に不思議なことなのですが、そのような方々が、私の「授業」が終わった後、わざわざ私のところまで来て下さって、「とても勉強になりました。こういう勉強会が行われることを待っていました」というようなことを言われ、そして私の手を握って、「これからも頑張って、出前授業を続けて下さい」と励まされることが、これまでに何度もありました。そして、何人もの参加者の方から、「この町（地区・地域）に来てくれて、本当に有り難いです」ということを、これもまた本当に何度も言われてきました。

ここ北海道でも、福島での原発事故の後、中央（本州や東京）から専門家や研究者、ジャーナリストの方々が来て、原発や放射能に関する講演会や学習会が開かれることがたびたびありますが、そのほとんどが札幌のような大都市で、それも会場は中心街にある「市民ホール」のような大きな会場ばかりです。ふだん毎日、地域でお仕事をされている方々や、家庭で家事・育児をされている方々にとっては、なかなか簡単にそのような大都市の、そして中心街の会場に行くこと、それも日中に行われる講演会や学習会に参加するということは、そう簡単なことではないのです。

そんなところに私の「原発出前授業」が、北海道内のいろんな市町村、あちこちの地域に赴いて、地区センターのような小さな会場でも開催されるということで、仕事帰りや家事を済ませた後に、気軽に「下駄履き（サンダル履き）」でも参加出来るということから、私のような無名の高校教師が講師であっても、たくさんの市民・住民の方々が参加されて来るのではないかと思われます。

今、「一般の市民」である「普通の人たち」の間に、原発や放射能について「知りたい・わかりたい」という潜在的な学びの要求（ニーズ）があり、それに、これまで誰も応えてくれなかったところに、私の「原発出前授業」が、「すきま産業的」に応えていったのではないかと思われます。そんなことも、私の「原発出前授業」へのリクエスト（注文）が、今でも絶えることなく相次いで来る理由の一つであるように思われますし、私のような専門家でもない「素人」が、地域に出て行って「授業」をすることの意味も、そこにあるのではないかと思っているのです。

3　「知ること」と「伝えること」

○　しっかりと教えられてこなかった原発と放射能のこと

今回の原発事故によって、福島県に原発が10基もあったこと、日本全体では原発が50基以上もあったこと、そして原発がこれほど危険なものであったということを、初めて知ったという人たちも多いのではないでしょうか。原発や放射能について、これまで私たちは、あまりにも知らないことが多かったということを、今回の原発事故によって私たちは改めて痛感させられました。

それは、単に「知らなかった」ということだけではなく、同時に「知らされていなかった」ということでもあります。たとえば学校で、原発や放射能について、これまでどれほどのことが教えられてきたでしょうか。たしかに、中学校や高校の社会科や理科の教科書には、わずかではありますが原発や放射能に関する記述があります。しかし、現場の教師たちはこれらの事柄について、どれほど真剣に、時間をかけて、丁寧に教えてきたでしょうか。

そのような教師が、教育現場に全くいなかったわけではないでしょうが、今回の原発事故が起こるまで、多くの教師たちは、このような原発と放射能についての事柄を、学校の授業の中で教えることに、それほど積極的であったようには思えません。それは、単に入試や受験にあまり役立たないということだけではなく、むしろ政治的な争点として問題となっているような事柄については、あえて自分の授業の中で取り上げて詳しく教えることは避けたいという気持ちもあったからではないでしょうか。今回の原発事故の後、私が今の学校で教えている生徒たちに、これまで通ってきた小学校・中学校で、原発と放射能について教えられたことがあるのかどうかを尋ねたところ、ほとんどの生徒たちから「まったくない」「ほとんどない」「おぼえてない」というような答えが返ってきました。

かくいう私自身も、かつて初任地である道北の下川町の高校に勤務していた頃には、地元で高レベル放射性廃棄物の問題が起きたり、旧ソ連でのチェルノブイリ原発事故が起きたということもあって、積極的にこれらの問題を授業で取り上げ、何時間もかけて原発と放射能について、「現代社会」という科目の授業の中で教えていたものです。しかし、その後、いくつかの学校を異動し、担当する科目も「現代社会」から「倫理」に変わったことなどから、次第に原発と放射能について、これを授業で取り上げることがほとんど無くなっていきました。その間、ここ北海道では、幌延町での高レベル放射性廃棄物処理場誘致の問題や、泊原発の建設・稼働や増設、そしてプルサーマル導入の問題などが次々と起こっていたにもかかわらず、そのような問題に多少の関心は抱きつつも、それを横目で見ながら、ただ学校の中で自分の担当する科目の授業にだけ取り組んでいました。

○　きちんと伝えられてこなかった原発と放射能の情報

ほとんどの生徒たちには、これまで、原発と放射能についての事柄は、学校では、あまり教えられてこなかったのですが、一方で国や電力会社からの、「原発は安全です。原発は地球環境にやさしいです」などというような情報や知識を、テレビなどのマスメディアを通して流し込まれてきました。今回の原発事故の後に、チェルノブイリ原発事故やその後盛り上がった反原発運動のことをよく知っている比較的年齢の高い層が、このような原発や放射能の問題に対して高い関心を持ち、すばやく反応・対応したのに対して、比較的若い年齢層では、それに対する関心も反応も、当初はいまひとつだったのは、そのような国や電力会社、マスメディアからの情報や知識の伝達・広報宣伝（プロパガンダ）による「刷り込み」が、かなり効いていたからなのかもしれません。

これまで、わが国のマスメディアの一部が電力会社から多額の広告費を受け取って、原発推進のプロパガンダの役割を果たしてきたということは周知の事実です。今回の原発事故に際しても、国や電力会社は、原発や放射能についての正確な情報を、必ずしもしっかりと国民に伝えませんでしたし、ほとんどのマスメディアもまた、彼らの発表をそのまま「大本営発表」のように垂れ流すだけで、国や電力会社の対応や発表する情報を厳しく指摘・批判するマスメディアもそれほど多くはありませんでした。このように、生徒たちだけでなく、私たち国民のほとんどが、これまで学校で原発と放射能についての正しい知識を、きちんと教えられてこなかったと同時に、政府や電力会社、そしてマスメディアからも正しい情報をしっかりと伝えられてはこなかったのです。

○　知らなければ「大変なこと」になる

今回の原発事故で明らかになったもう一つのことは、**原発や放射能について正しい知識と正確な情報を知らなければ、「大変なこと」になる**ということでした。今回、原発がどれほど危険なものであるか、放射能がどれほど恐ろしいものであるか、そのことをきちんと知らなかったために、どれほど多くの人たちが、しなくてもよかった「被ばく」をしてしまったことでしょうか。

福島原発が危機的な状況であるというニュースが報道され始めた頃、まだ政府からの避難命令も10㎞から20㎞というように広がっていない段階で、いち早く現地から避難の行動を取った人たちの中には、これまで反原発や脱原発の市民運動に関わってきた人たちが少なくなかったと聞いています。このような人たちは、これまでの運動や活動のなかで、原発や放射能についてしっかりと学習し、その危険性や恐ろしさについてある程度知っていたからだと思います。

一方で、福島県に住んでいながら、地元に原発があることすら知らなかった、ましてや原発の危険性や放射能の恐ろしさについてなど、ほとんど知らなかったという人たちも沢山いたそうです。このような人たちの中には、単に知識や情報がないというだけでなく、自ら情報を得るためのツールもネットワークもないという人も多かったために、自治体や国・電力会社からの情報・指示だけが頼りだったのでしょう。しかし今回の原発事故では、そのような自治体や国・電力会社からは、正確な情報が迅速に住民に伝えられることはなく、そのせいで、しなくともよい「被ばく」をしてしまった人たちが多数いるのです。

「知らなかった、知らされなかった」ために、しなくともよい「被ばく」をしてしまったのは、なにも福島の人たちだけではありません。放射性物質は風に乗って、東北地方だけでなく、広く北関東一帯にも流れ込み、雨が降ることによって各地に高濃度に汚染されたホットスポットを形成しました。さらに大気だけでなく水や土壌を汚染し、野菜や肉、魚などの食料品にまで汚染を広げていきました。そのような放射能汚染についての知識や情報について「知らなかった・知らされなかった」ために、しなくてもよい「被ばく」をした人たちも、おそらく沢山いたのではないでしょうか。

○ 子どもたちに本当のことを伝える

私たちは、今回の原発事故によって、原発と放射能という、とんでもなく大変なものを、負の遺産として子どもたちに残さなければならなくなってしまいました。これほどまでに危険で恐ろしい原発が、私たちがよく「知らない」うちに54基も作られてしまっていたのです。けれども、それは本当に「知らされていなかった」のでしょうか。私たちはそれを知ろうと思ったら知ることができましたし、それをよく知っている人たちもいたのです。そのような人たちから、これまで何度も原発の危険性を訴えられ、警告されていたにもかかわらず、私たちはそのような声に真剣に耳を傾けてこなかったのではないでしょうか。私たちは「知らなかった」のではなく、「知ろうとしなかった」のであり、そういった意味では私たちにも「無作為の責任」があるといえるでしょう。

　私たちは今回の原発事故によって、原発がいかに危険で、放射能がいかに恐ろしいものであるかを「知って」しまいました。これからは**私たちには、「知って」しまった者の責任がある**と思います。「知って」しまった以上、今度はそれをきちんとみんなに「伝える」、特に子どもたちにしっかりと「伝える」という責任があると思います。原発と放射能について、子どもたちには何の責任もありません。彼らは、これまで何も教えられず、なにも知らされてはこなかったのです。けれども、これから将来、原発と放射能という負の遺産を引き受けなければならない子どもたちには、この原発と放射能について「知る権利」と「伝えられる権利」があるのではないでしょうか。そして**私たち大人、とりわけ教師には、子どもたちに、しっかりと原発と放射能についての正しい知識と正確な情報を教え、伝えていく責任と義務がある**のではないでしょうか。

そんなことを考えて、生徒たちへの「原発と放射能の授業」や、市民に向けての「原発出前授業」を始めようとした時に、ふと頭に思い浮かんだ言葉をノートに書き綴ってみた「詩（のようなもの）」に、『知ることでしか』というタイトルをつけてみました。

4 「わかりやすく」教えることの「難しさ」

○ 原発や放射能について「知りたい・わかりたい」

今回の福島の原発事故によって、原発と放射能の問題は自分たちの命と健康に関わる重大な問題であることが、子どもたちだけでなく、広く「一般の市民・普通の人たち」にも認識されるようになり、これについてもっと「知りたい・わかりたい」という要求（ニーズ）が、今とても高まっているように思われます。

知ることでしか

かわはらしげお

知らなければ　心配することもない
知らなければ　不安になることもない
知らなければ　恐怖におそわれることもない
知らなければ　なにかがおかしいと思うこともない
知らなければ　これではいけないと思うこともない
知らなければ　なにかを変えようと思うこともない

知らないうちに　汚染されていく大気
知らないうちに　汚染されていく大地
知らないうちに　汚染されていく海洋
知らないうちに　食べられなくなる野菜
知らないうちに　食べられなくなる魚
知らないうちに　蝕まれていく身体（からだ）
知らないうちに　考えなくなる精神（こころ）
知らないうちに　失われていく未来

まずは知ることから　始めよう
いま　何が起きているのか
なぜ　このようなことが起きたのか
いったい　だれがこんなことを始めたのか
いったい　だれがこんなことを進めたのか
いったい　だれがウソをついてきたのか

まずは知ることから　始めよう
知ったならば　今度は誰かに伝えよう
知ったならば　今度はなにかを変えていこう
知ることで　自分を変えていこう
知ることで　みんなを変えていこう
知ることで　社会を変えていこう
知ることで　この国を変えていこう

知ることでしか　変わることは出来ないから
知ることでしか　変えることは出来ないから

さすがに福島の原発事故以降には、どこの本屋さんの棚にも「原発・放射能」関係の本もたくさん並ぶようになりましたが、以前は、そのような本が並ぶことは本当に少なかったですし、そもそも学校でも、これまで教師たちは、あまり積極的に原発と放射能については教えてこなかったので、子どもたちや「一般の市民・普通の人たち」が原発や放射能について知る機会というのは、それほど多くはなかったと思います。そんなところに今回の事態が起きて、いきなり新聞やテレビで原発と放射能に関する情報があふれるようになりましたが、しかし、毎日の新聞やテレビなどの報道は、このような「一般の市民・普通の人たち」にとっては、必ずしも「わかりやすい」ものではありませんでした。特に原発と放射能についてては、使われている言葉が専門的で、「メルトダウン」とか「シーベルト」というような難しい「カタカナ」で表現されるものが多いということも、わかりにくさの一つの原因となっているように思います。

また、福島での原発事故後の原発と放射能の状況や、東電・政府の対応も次々と変化していくため、新聞・テレビもそれを逐次報道することに追いまくられ、事態や状況の丁寧な説明や解説が、いくぶん不十分になっていたようにも思います。そんなところから、子どもたちだけでなく、「一般の市民・普通の人たち」にとっても、原発と放射能については、

「よくわからない・難しい」という思いがあるのではないでしょうか。

そうなると当然、原発と放射能について、誰かに「わかりやすく」教えてほしいという要求・要望が出てきます。さしあたっては、原発と放射能についての専門家と呼ばれるような大学や専門機関の研究者の方々に、「教えてほしい」というリクエストが殺到したようですが、これがまた、くせ者でした。このような専門家と呼ばれて、テレビや新聞で解説してくれる人たちの中には、「御用学者」と呼ばれ、かならずしも「本当のこと」を正しく教えてくれない人たちがいることが、福島での原発事故以後、次第に明らかになっていきました。

また、たとえそのような「御用学者」ではない専門家の方々であっても、必ずしも原発と放射能について、「わかりやすく」教えてくれるわけではありませんでした。もともと原発と放射能については難しい専門的な用語・言葉が多く、どうしても専門家の皆さんが教えると、これらの用語・言葉がそのまま使われてしまい、「一般の市民・普通の人たち」にとっては、とても「難しく」なってしまうのです。中には京都大学の小出裕章先生やジャーナリストの広瀬隆さんのように、原発と放射能についての「難しいこと」をわかりやすくお話ししてくれる方もいますが、そんな人たちが何度も自分たちの住んでいるところまで来てお話ししてくれるわけではありませんし、なぜか彼らは、あまり（というかほとんど）テレビに出演することはありませんでした。そんなところからも、「一般の市民・普通の人たち」の間で、この原発と放射能についての「難しいこと」を、出来るだけ「わかりやすく」教えてほしい、伝えてほしいという要求（ニーズ）が高まってきているのだと思います。

○「原発出前授業」は「わかりやすい」のか？

二〇一一年の五月から始めた、一般市民に向けての私の「原発出前授業」ですが、二〇一三年の十二月末までに二百五十回に達する回数を実施してきました。ほぼ一カ月に平均八～九回くらいのペースで実施してきたことになります。すでに、延べで一万三千人以上の市民の方々が、私の「原発出前授業」に参加されたことになります。

有り難いことに私の「出前授業」に参加された方々から、原発と放射能についての授業の内容が「わかりやすかった」というお言葉を頂くことが少なくありません。「これまで原発や放射能のことは、難しくてよくわかりませんでしたが、先生の授業を聞いて、初めてよくわかりました」というような過分なお言葉を頂くこともありました。このような「わかりやすい」という私の「原発出前授業」への評価や評判が、市民の皆さん方の間で口コミで広がっていったことによって、これまで私の「原発出前授業」への注文が途切れることなく続いているのかもしれません。

なぜ、私の「原発出前授業」が、皆さんから「わかりやすい」と言われるのでしょうか。私自身は、この「原発出前授業」で何か特別なことをやっているわけではなく、ふだん学校で生徒たちを相手にやっている「授業」と同じことを、そのまま出前授業でもやっているだけなのです。これは、先日、私の「原発出前授業」に参加してくれた私の学校の生徒たちが、「先生、学校でやっている授業と同じ調子で、出前授業でもやっているんですね！」と言っていたので間違いないでしょう。もし、私の「原発出前授業」が、「わかりやすい」ものであるとするならば、その「わかりやすさ」は、私自身がこれまで勤務してきた学校で、生徒たちを相手にやってきた「授業のやり方」からきているのかもしれません。

私自身は、これまでの三十数年間の教職生活で四つの学校に勤務してきましたが、そのすべてが専門（職業）高校でした。これは偶然そうなったのではなく、自らの意志で専門（職業）高校を希望して異動してきました。その理由の一つは、私自身が専門（職業）高校の出身であり（ちなみに現在勤務している学校は私の母校です）、普通科それも進学校と呼ばれるような学校で「受験指導中心」の授業を進める自信がまったくなかったからです。もう一つの理由は、専門（職業）高校の方が、教科書や授業進度、大学入試などにあまり気をつかわずに、自分のやりたい授業づくりに、ある程度自由にのびのびと取り組めるのではないかと考えたからでした。

しかし、専門（職業）高校の生徒たちは、なかなか手ごわく、自分たちにとって面白くもなく、わかりにくく、そして将来役に立たないような「つまらない授業」であれば、とたんにそっぽを向いてしまうのでした。彼らには「テストに出るぞ！　入試に出るぞ！」という脅しはほとんど効かないのです。とにかく、生徒たちを授業に集中させるため、「おもしろくて、わかりやすい授業」をつくることに、私自身は常に必死になって取り組まなければなりませんでした。

ちょうど、私が教師になったばかりの一九八〇年代の初め頃は、民間教育研究運動の中で、「わかる授業づくり」ということが盛んに取り組まれていた時期でもありました。私自身も、それこそ手当たり次第に様々な民間教育研究団体の研究会や学習会に参加して、優れた実践家の「わかる授業づくり」の実践から学び取ろう（盗み取ろう）としたものです。

○「わかりやすい授業」をつくる

いろんな先生方の優れた「わかる授業づくり」の実践を、いろいろと「真似」してみたのですが、結局は自分自身の力で、自分なりの「わかる授業」をつくっていくしかないということがわかっていきました。

私自身の「わかる授業づくり」の中で、特に意識していることの一つが「**導入の工夫**」です。授業を始める時に、いきなり教科書を開かせて、その授業の内容にすぐ入るのではなく、まずは生徒たちの興味や関心をひきつけるような「導入」をいろいろと工夫するということです。最初の頃は、授業の内容とはまったく関係のない「余談」をして、とにかく生徒たちの顔をこちらに向かせ、耳を傾けさせようとしましたが、授業の内容にはいったとたんに生徒たちの頭がバタバタと倒れていくことになりました。そこで、今度は出来るだけ授業の内容と関連した「話題・テーマ」を、それとなく「余談風」に話していきながら、彼らの興味・関心を引きつけていき、気がついたら授業の内容に入っていたというように授業の展開の工夫をしていきました。

もう一つ意識していることは、出来るだけ「**具体的に説明する**」ということです。社会科（特に公民科）の授業ですと、どうしても「人権」とか「福祉」とか、抽象的な言葉や概念を扱うことが多く、授業でもそれらの抽象的な言葉や概念の説明に終始してしまうことがしばしばあります。ところが、私自身がこれまで勤務してきた専門（職業）高校の生徒たちの多くは、このような抽象的な言葉や概念を扱うことが苦手なのです。逆に、彼らは具体的な生活体験や実感に基づく説明には興味や関心を持ってくれるのです。

そこで、私の授業では、出来るだけ「具体的に説明する」ため、黒板に抽象的な漢字の言葉をただ羅列して書いていくということはなるべく避けて、新聞記事や写真、映像、時には実物などを見せたり、彼らの生活体験などから実感出来るような「具体的な例（たとえ話）」などを用いて説明することをこころがけていきました。

しかし、なによりも「わかりやすい授業」をつくるために必要なことは、**教える教師自身がその授業の内容をしっかりと「わかっている」ということ**です。教師自身がよく「わかっていない」授業の内容を、生徒たちに「わかりやすく」教えるということは出来ません。生徒たちに「わかりやすく」教えるためには、教師はまずは授業の内容について、しっかりとした「教材研究」をして、その内容をしっかりと「わかっている」ということが大前提なのです。しかし、膨大な教科の内容を、教師がすべて「わかる」ということは、かなり難しいことでもあります。その場合は、教師自身がどこまで「わかって」いて、どこまで「わかっていない」のかを、きちんと生徒に伝えるべきだと思います。もしかすると、生徒たちが授業の内容を「よくわかった」と感じた時、教師自身もまた、自分が教えている授業の内容について「よくわかっていた」といえるのかもしれません。

○「難しいこと」を、「わかりやすく」教えること

このように、授業において「わかりやすく」教えるということは、とても「難しいこと」なのです。ましてや、原発と放射能の問題というような「難しいこと」を、「一般の市民・普通の人たち」に、「わかりやすく」教えるということは、本当に「難しいこと」なのではないでしょうか。ある意味で、「難しいこと」を難しく教えることのほうが簡単なのかもしれません。原発や放射能についての専門家の方々は、原発や放射能について研究することの専門家であって、それを「一般の市民・普通の人たち」に「やさしく・わかりやすく」教えることの専門家ではありません。では、そのようなことが出来る専門家は、どこにいるのでしょうか。もしかしたら、それは学校の教師の役割なのかもしれません。

研究者の方々が「研究すること」の専門家であるとするならば、学校の教師というのは「教えること」の専門家であるのではないでしょうか。そして「教えること」の専門性とは、

「難しいこと」と「難しく教える」という専門性なのではなく、「難しいこと」を「わかりやすく教える」という専門性なのではないでしょうか。

小説家・劇作家であった井上ひさし氏はこのような言葉を残しています。

むずかしいことをやさしく。
やさしいことをふかく。
ふかいことをゆかいに。
ゆかいなことをまじめに。

これはそのまま、学校の教師の「授業」に求められているものであり、私自身の「原発出前授業」にも求められているものであると思います。そして、それは「授業」というものが、「難しいこと」を「わかりやすく」教えるものでなければならない、そして「本当のこと（事実と真実）」をしっかりと伝えるものでなければならないということでしょう。

今、「一般の市民・普通の人たち」が、私の「原発出前授業」に求めているものは、原発と放射能についての「本当のこと（事実と真実）」を「わかりやすく」学びたいという、「市民のための学び」であるように思われます。そしてそれは、そのまま学校での、子どもたちが教師の「授業」に求めているものと同じ「学び」であり、それは同時に「**市民になるための学び**」であると言えるのではないでしょうか。そのような子どもたちと市民の「学び」の要求に、しっかりと応えていくことこそが、私たち学校の教師の本当の専門性であるように思うのです。

5　子どもたちに「本当のこと」を伝えたい

○　小学生に出前授業をする

二〇一一年、私が「原発出前授業」を始めた頃に、あるカレー屋さんのお店を会場にして、何回か連続して出前授業をやりました。最初に、そのお店で出前授業を行った時、参加者の中に、その店のマスターの小学三年生になる娘さんと同級生の女の子たち、それにお母さんの友人のお子さんで小学一年生の男の子など、数名の小学生が参加されていました。本来ならば、大人が対象の「原発出前授業」なのですが、授業が始まったとたん、この子たちが、まるで本当の小学校の授業のように、私の話にすばやく反応して、突然質問してきたり、突っ込みを入れてくるのです。その時の私の出前授業は、次第に、その子たちのペースに合わせざるを得なくなり、その子たちを中心にして相手をしながら授業を進めていくようなかたちになっていきました。

小学生たちの突発的な質問や、突っ込みを無視することなく、一つ一つ対応していきながら、なおかつ授業そのものの流れを大きくそこなうことなく、順序立てて展開していくことは、ふだん高校生や大人を相手に授業をしている私にとっては、かなり大変なことでした。小学校の先生方は、毎日、毎時間、このような子どもたちを相手に授業をされているのかと思うと、その大変さを、とてもよく実感することができました。

授業のあと、参加してくれた小学生たちに、「授業、どうだった?」と聞いてみると、**「ちょっと難しかったけど、よくわかった」**と言ってくれました。そして、面白いことに、いっしょに聞いていた大人たちも同様に、「今日の授業はとてもよくわかりました」と言ってくれたのです。

この時の「原発出前授業」の経験は、私にとっていくつかの大きな発見と転機をもたらしました。一つは小学生であっても、原発と放射能の授業をきちんと受ければ、それなりに「わかる」ことが出来るのだということ。もう一つは、小学生に「わからせる」授業が

町のカレー屋さんで、大人と子どもが参加して行われた「原発出前授業」の風景

できれば、大人にも「わからせる」ことが出来るのだということでした。そして、この時の出前授業をきっかけにして、その店のマスターが、「今度は、小学生たちだけを集めて原発出前授業をやりましょう」という提案をしてくれたのでした。

○「ちょっと難しかったけど、よくわかった」

その年の夏休み中に、このお店で開催された「小学生向け原発出前授業」には、マスターの娘さんの同級生たちを中心に、20名ちかくが参加してくれただけでなく、なんとそのクラスの担任の先生まで来てくれました。このほかにも、この年の夏休み中には、小学校1年生から6年生までの学童保育の子どもたちを相手した「原発出前授業」を、数回行うことが出来ました。

ふだんは高校生たちを相手に、社会科の授業をしている私なのですが、この時の小学生たちを相手にした一連の出前授業は、私にとって、まさに「修行」のようなものであり、教師として、とても勉強になりました。基本的には高校生たちを相手にやった「原発と放射能の授業」の内容を、ほぼそのままの流れで、あまりレベルを落とさずにやりましたが、授業展開としては、教師が一方的にしゃべりまくるということはせず、子どもたちから出

学童保育の子どもたちを相手にした「原発出前授業」の模様

される突発的な質問や突っ込みに、出来るだけ一つ一つ丁寧に対応しながら展開していくことを心がけていきました。

このような小学生相手の「原発出前授業」の後の、子どもたちからの感想の言葉で、やはり一番多かったのは、「ちょっと難しかったけど、よくわかった」という言葉でした。子どもたちは、こちらがびっくりするほど、意外に原発や放射能についてのいろいろな言葉（単語）を知っていました。たとえば、「メルトダウン」だとか、「シーベルト」だとかというような言葉を、おそらく子どもたちは、テレビや大人たちの会話の中から、自然に耳にしていたのだと思います。けれども、そのような原発や放射能に関する沢山の言葉は、単語としては知っていたとしても、その言葉の詳しい意味までを、正確に「わかっている」わけではないのです。そしておそらく、その言葉の意味を、誰も（親も先生たちも）子どもたちに、きちんと教えてはくれていなかったのでしょう。

もしかすると、家庭や学校の中で、子どもたちは親や先生たちに、このような原発や放射能についての言葉（単語）について、「これって、どういう意味なの？」と聞いていたのかもしれません。しかし、それにきちんと答えられる親や先生たちが、それほど沢山いるとは思えません。なぜなら、このような原発と放射能についての正確な知識や情報につ

学童保育の子どもたちを相手にした「原発出前授業」。子どもたちの感想で一番多かったのは「ちょっと難しかったけど、よくわかった」という言葉だった

いては、親や先生のような大人たち自身にとっても、おそらくこれまで誰からも、きちんと教えられていない、知らされていないことだったからです。

○ 子どもたちに伝えなければならない原発と放射能のこと

しかし、私たち大人は、今こそ子どもたちに、原発と放射能についての正確な知識と情報を、しっかりと伝えなければならないのではないでしょうか。おそらく日本では、もうこれ以上原発がどんどん増設されるということもなくなり、今ある原発も、今後一つずつ順次止められて、廃炉になっていくのではないでしょうか（いや、そうならなくてはなりません）。しかし、今ある日本の原発が、今後すべて止まり、全ての原発が廃炉になったとしても、これまでに原発から出された大量の使用済み核燃料は、すでに大量に残っていますし、今後私たちは、これを気が遠くなるほどの長い年月の間、しっかりと管理していかなければならないのです。当然、その管理は私たちの世代だけで終わるわけではなく、子どもたち、そしてその子どもたちの子どもたちの世代、さらに子々孫々へと、何百年何千年以上も続いていくことなのです。

私たちの世代は、原発がこの日本に54基も建設され、稼働することを許し、そしてその原発が作り出した電気を使ってきました。しかし、子どもたちの世代、さらにその子どもたちの世代は、おそらく今後、そのような原発が作り出す電気を、次第に使うことがなくなっていく世代になっていくでしょう。しかし、そのような世代に、私たちの世代は、使用済み核燃料をはじめとする放射性廃棄物という、とんでもない「負の遺産」を残すことになってしまったのです。

それはまるで、いいだけ好き勝手に放蕩して父親がつくった膨大な借金を、彼が死んだ後に、その子どもたちに残していくようなものではないでしょうか。子どもたちにしてみれば、自分たちが作ったわけでもない膨大な借金の返済を、なぜ自分たちが支払わなければならないのかと思うのではないでしょうか。少なくとも、これまで原発が作り出した電気を使ってきた者の責任として、どうしてこのような借金（核のゴミ）が出来てしまったのか、そして借金が今どれくらい残っているのかということを、きちんと子どもたちに説明する必要（義務）があるのではないでしょうか。そして、私たちが生きている間に、出来るだけの処置を施したうえで、将来の管理についての、しっかりとした見通しをつけておくべきではないでしょうか。

○ なぜ学校現場での取り組みが広がっていかないのか

このような、子どもたちに原発と放射能の正確な知識と情報を、しっかりと伝えるということについては、学校と教師の果たす役割は、非常に大きいものがあると思います。しかし、これまで学校と教師たちは、原発と放射能についての正確な知識と情報を、子どもたちにしっかりと伝えてきたとは言えないのではないでしょうか。

福島での衝撃的な原発事故が起こった後、さぞかし学校現場では、原発と放射能についての授業の取り組みが、多くの教師たちによって、燎火のごとくに広がっていくのではないかと思っていました。ところが、二年以上経った今でも、そのような教育実践が、それほど学校現場に広がっているようには見えません。

もちろん、私自身を含めて、何人かの教師たちが、福島での原発事故以後、それぞれの学校現場で原発と放射能の授業に取り組んでいるということは知っています。しかし、それはあくまで積極的に取り組もうとする「一部の熱心な教師たち」だけに限られているように思えます。まだまだ、大半の学校と多くの教師にとって、原発と放射能のことについて、それを子どもたちに伝えることは、そう簡単なことではないようです。

もちろん教師たちの中には、福島での原発事故以後、あらためて原発と放射能の問題について関心を持ち、なんとか子どもたちに原発と放射能のことを伝えたいと思っている先生方も少なくないと思います。実際、何人もの先生たちから、直接私のところに「どうやって原発と放射能を教えたらいいのですか？」と聞かれることも少なくありません。

これまでの「原発出前授業」でも、何度も、小中学校の先生方の集会や研究会に呼ばれていますし、そこに参加されている先生方の関心も非常に高いものを感じています。にもかかわらず、今、学校現場で原発と放射能のことを、しっかりと子どもたちに伝える取り組みが、それほど広がっていないのはなぜなのでしょうか？

○ 子どもたちに、どこまで、どうやって伝えるのか

子どもたちに原発と放射能のことを伝えたい、教えたいと思っている先生方から、一番多く聞かれることは、**子どもたちに「どうやって教えたらいいのか・どこまで教えたらいいのか」がよくわからない**ということでした。特に、小学校の先生方からは、「小学生には原発と放射能のことは難しすぎるのではないか？　何年生くらいから教えたらいいのか？　どこまでのことを、どうやってやさしく教えたらいいのか？」というようなことを

聞かれることがよくあります。

私の「原発出前授業」では、原発と放射能についての基本的な知識と情報を伝えようとするものですが、私自身の小学生相手の出前授業をやった経験からの実感から言うと、およそ日本語が理解出来るようであれば、小学校一年生からでも授業を受けることは可能だと思います。ただし、原発と放射能についての基本的な知識と情報を「正確に理解させる」ことを目的とするならば、小学校三年生くらいまでなら、ちょっと「難しい」かもしれません。

けれども、私の「原発出前授業」は、原発と放射能についての基本的な知識と情報を、ただ単に「正確に理解させる」ことだけを目的としたものではありません。この原発と放射能の問題については、大人たちが寄ってたかって取り組んできても、話し合っていっても、そう簡単には解決がつかないという、とても困難な問題であるということが、私の授業を受けた子どもたちに、少しでも伝わればよいと思っているのです。そして、ここに、この原発と放射能の問題について、とにかく必死になって子どもたちに伝えようとしている一人の大人（教師）がいるのだということを知ってくれるだけでも、よいのではないかと思っているのです。

○ 子どもたちに「学び」の種を蒔く授業を

私の原発と放射能の授業を受けた子どもたちに、どれだけそのようなことが伝わっているのかは、正直なところわかりませんが、その時の子どもたちの反応から、なにか手ごたえのようなものを、いつも感じていました。それは、授業の後の子どもたちの声としてよく聞くことが出来る、「ちょっと難しかったけど、よくわかった」という言葉にも現れているように思われます。ここで子どもたちが言っている「よくわかった」という言葉は、必ずしも原発と放射能についての知識や情報を「正確に理解した」ということを意味しているのではないように思います。むしろ、この原発と放射能の問題が、自分たち子ども自身の生活と未来にとっても、とても重要な問題であるということを「感じることが出来た」というようなものであるように思います。

そして、子どもたちに、私の授業を受けてもらうことによって、この「ちょっと難しかった」という感覚を、子どもたちに感じてもらうことも、とても大事なことのような気がします。私自身は、小学生相手の授業だからと言って、それほど極端に内容のレベルを下げたり、必要以上にやさしい言い回しをしたりはしません。そういった意味では、小学生にとっては、「ちょっと難しい授業」ではないかと思います。けれども、私の授業を受けた時点では、まだ原発や放射能の問題について正確に理解することについては「ちょっと難しい」と感じたとしても、いずれ子どもたちが成長した時に、その「ちょっと難しい」と感じた問題について、子どもたち自身が疑問や関心を持ち、その問題について自ら調べたり、考えたり、理解しようとし始めてくれるのではないかと思っているのです。

今はまだ「正確に理解」することが出来なくとも、**いつか子どもたち自身の中で、原発や放射能の問題についての疑問や関心、そして「学び」の芽が出てくるような「種」を蒔いていく、そんな授業を、子どもたち相手に出来ないだろうか**と、いつも思っているのです。

第二章

原発と放射能はどのように教えられてきたのか

1　書き換えられた教科書の記述―「両論併記」というワナ―

○　三十年以上前から教えていた「原発と放射能」のこと

市民向けの「原発出前授業」を道内各地で実施するようになって、時々、参加者から聞かれることがあるのが、「先生、学校の授業の中で原発や放射能のことなんて教えて大丈夫なのですか？」ということです。じつは、まったく大丈夫で、私自身はもう三十年以上も前から、学校の授業の中で「原発と放射能」のことを教えてきているのです。

私自身が「原発と放射能」のことについて関心をもつようになったきっかけは、一九八〇年に、高校教師として最初に赴任した学校がある北海道北部の下川町で、「高レベル放射性廃棄物」の地下投棄の問題が起きたことでした。その後、一九八二年から高校社会科の新しい科目として登場した「現代社会」を担当して教えることになった私は、その科目の授業の中で、当時の生徒たちに、「原発」や「放射能」のことについて教えていました。

当時の文部省の「学習指導要領」において、新たに設置された新科目「現代社会」は、「現代社会に対する判断力の基礎」を養うために、「現代社会の基本的な課題」について学ぶ科目とされ、その指導項目の中には「資源・エネルギー問題」が位置づけられていました。そこには当然、「新しいエネルギー」の一つとしての「原子力エネルギー」についても、指導内容の一つとして入っており、当時のほとんどの教科書や資料集にも取り上げられていたのです。「現代社会」を担当する多くの先生方にとっては、この「資源・エネルギー問題」の指導項目は、年間の指導計画の中では、他の指導項目に比べて、あまり時間をかけて丁寧に教える分野ではなかったかもしれません。けれども、私自身は、初任地での先に述べたような経験もあったので、この分野には比較的時間をかけて、当時の生徒たちに「原発」や「原子力エネルギー」のことについて、丁寧に詳しく教えていました。

○　教科書検定における「原発」「原子力エネルギー」

このように、高校の社会科、特に「現代社会」という科目では、すでに一九八〇年代から、その教科書には「原発」や「原子力エネルギー」のことについての記述が、しっかりと記載されていました。しかし、ご存知のように、学校で使用される教科書については、文部省からの厳しい「**教科書検定**」が行われてきており、特に社会科の教科書については、これまで、いくつもの「修正」や「書き換え」の指示が行われてきました。「原発」や「原子力エネルギー」についての記述も、当然例外ではなく、これまでもたびたび、様々な「修正」や「書き換え」を求められてきたのです。

一九八〇年代といえば、日本各地に原発が次々と作られていった時期であり、同時に、各地で原発建設の反対運動も沸き起こってきた時期でもあります。また、一九七九年のスリーマイル島原発事故や一九八六年のチェルノブイリ原発事故が起きたことで、原発の安全性について疑念や不安が高まっていた時期でもありました。ただでさえ、日本には、広島・長崎の原爆投下という経験による「核」や「放射能」に対する拒否感やアレルギーが、国民の間に根強くあるわけですから、教科書における「原発」や「原子力エネルギー」についての記述も、どちらかというと、その「問題点」や「課題」を強調するようなものになっていく傾向があったようです。しかし、「原発を推進したい側」からすると、「原発」や「原子力エネルギー」についての、そのような記述は、「ネガティブ」で「後ろ向き」なもののように見えたようです。

これは、一九八〇年代当時に実際にあったことなのですが、すでに文部省の教科書検定の審査に合格していた中学校の社会科の教科書の、「原発」についての記述の中にあった、「環境破壊や安全性を心配する声がある」「装置の技術や安全性に疑問がだされている」「放射性廃棄物の処理や温排水など、むずかしい問題がある」というような部分に対して、当時の文部省から、ほぼ「介入」に等しい「修正」の要請があったのです。その要請とは、具体的には、「現在の見本本にある原子力発電所関係の記述が、『生徒に核アレルギーをおこしかねない内容になっている』という科学技術庁からの参考意見があったので、記述を検討してほしい。できれば、訂正申請をしてほしい」というものだったそうです。

ご存知のように、科学技術庁というのは、もともと日本の「原子力政策」を、国策として推進するために設置された中央官庁であり、わが国の「原子力ムラ」の中枢に位置しているところです。科学技術庁からの参考意見ということは、そのまま「原子力ムラ」からの参考意見ということであったのでしょう。このような「原子力ムラ」からの強い「圧力（介入）」を受けて、文部省からの「修正」の要請（介入）が行われ、この教科書の記述は、結局、「一部には、環境破壊や安全性を心配する声がある」「放射性廃棄物や温排水などにも問題がある」というように、その表現が書き換えられたのでした。

○「短所」と「長所」の両方を書かせる検定意見

一九八〇年代当時から、このような「修正」以外にも、教科書検定における「原発」や「原子力エネルギー」についての記述への「修正」や「書き換え」は、たびたび行われていたようですが、当時の**教科書検定における「修正」や「書き換え」の最大のポイントは、「短所と長所の両方を書け」ということ**だったのです。これは、同時に「原発」や「原子力エネルギー」について「問題視する（反対する）側の考え方」を書くだけでなく、「推進する（賛成する）側の考え方」も書きなさいということでもありました。このような「**両論併記**」というのは、一見、どちらにも与《くみ》しない「中立」の立場からの記述のように見えます。しかし、そこには文部省からの（というより、その背後にある「原子力ムラ」からの）強い「バイアス（偏向）」が加えられるという、巧妙な「ワナ」が仕掛けられているのです。

たとえば、「原発」や「原子力エネルギー」についての「短所」の記述があったとしても、それは出来るだけ限定的なもの、管理出来るものというような表現に「修正」がかかりました。たとえば、「反対する住民」は「一部」であるとか、「安全性が問題」なのではなく、「安全管理の問題」なのだというようにです。一方で、「原発」や「原子力エネルギー」の「長所」については、「石油にかわるエネルギー源として重要」だとか、「火力発電よりもコストが安い」というような肯定的なことを、積極的に「書け」という検定意見が付けられていくのです。

特に、一九九〇年代に入ると、今度は「地球環境問題」や「温暖化問題」とからめて、「原発」は「二酸化炭素を出さない」ので「地球環境問題の防止に貢献している」という「長所」を、積極的に書かせようとする検定意見が付けられていったのです。しかし、一方では、太陽光発電や風力発電、地熱の利用などの、環境をあまり汚染しない「自然エネルギー」については、「コストが高く、不安定である」というような「短所」を、きちんと記述するようにという検定意見が付けられていったのです。

○「両論併記」という「隠されたワナ」

このように、「原発」や「原子力エネルギー」について、「長所と短所」の両方を書かせるという教科書への検定意見は、一見「中立」の立場を取っているように見えながら、明らかに「推進・賛成の側の意見」の方に、それを読む者の思考を誘導するような「バイアス」が加わっているように思われます。

これと似たような構図は、「原発」や「原子力エネルギー」をめぐる**「ディベート授業」**の実践にも見ることができます。今でも、一部の教科書や資料集などには、この原発をめぐる「ディベート授業」のコーナーが掲載されていますし、三年前に文部科学省が制作した「原子力副読本」にも、そのワークシートが掲載されていました。この原発をめぐる「ディベート授業」とは、生徒たちを「原発反対派」と「原発賛成派」のグループに分けて、それぞれの立場から、それぞれの根拠に基づく意見・主張を述べ合うという討論形式の授業です。討論と言っても、それぞれの本音の意見をぶつけ合わせるわけではなく、あくまでもランダムに「反対」と「賛成」に分けられた生徒が、そのどちらかの立場に立った場合の「意見・主張」を述べるというものなのです。

このような「ディベート授業」は、「原発」以外の様々なテーマでも、取り組まれることがあります。けれども、「反対」と「賛成」という「両論」を、生徒たちに、それぞれの立場から主張させることは、一見「中立」な授業のように見えるのですが、はたしてそうなのでしょうか。

かつて見られた有名な「ディベート授業」の実践例としては、「太平洋戦争は侵略戦争か、防衛戦争か?」というテーマや、あるいは、「南京大虐殺は本当にあったのか、ウソだったのか?」というようなテーマの授業がありました。このような「ディベート授業」も「両論併記」で、一見「中立」のように見えますが、すでにこのようなテーマを設定するという時点で、もはや「中立」ではない特定の考え方に、生徒の思考を誘導しようとする「バイアス」が働いているのではないでしょうか。それは、世間一般では前者のほうの「見解」が圧倒的に「正しい考え方」とされているのに対して、それを否定するような後者の考え方の「見解」を定立することによって、前者の考え方の「見解」の「正しさ」を相対化して、後者の「見解」の考え方へと思考を誘導し、その「見解」を生徒たちに浸透せようとするような、「隠された意図＝ワナ」があるように思われるのです。

「原発」や「原子力エネルギー」について、「反対派」と「賛成派」に分かれて意見・主張を述べ合うという「ディベート授業」の実践にも、やはりこれと同じ構図があり、前者の考え方の「見解」に対して、後者の考え方の「見解」を生徒自身に調べさせ、意見を述べさせることで、このような「見解」の考え方の方向に、彼ら（生徒）自身の思考を誘導させ、彼ら（生徒）の中にそのような「見解」の考え方を浸透させようという、「隠された意図＝ワナ」があるように思われるのです。

このように、「短所」も書くけど「長所」も書く、「反対派の考え方」も書くけど、「賛成派の考え方」も書くという、「両論併記」という記述のスタイルは、一見「中立」のように見えながら、明らかに「後者」の側の意見や主張を浸透させようという、「原子力ムラ」の側からの「隠された意図＝ワナ」があったように思われます。

○「二項対立＝争点化」という「隠されたワナ」

このような一九八〇年代以降の、原発や原子力エネルギーについての、文部省の教科書検定や「ディベート授業」の実践に見られる、否定面だけではなく肯定面も、短所だけでなく長所も、反対論だけでなく賛成論も、というような「**二項対立**」**の構図による**「**両論併記**」**のスタイル**は、教育現場においては、最初からあったわけではなく、明らかに「向こう側」から「持ち込まれた」ものだったように思われます。

このような「二項対立」という構図を、教育現場に「持ち込む」ことによって、原発や原子力エネルギーの問題を、単に客観的な知識としてではなく、政治的な争点であるように扱わせることは、現場の教師にとっては、どちらか一方の立場に立って「原発」や「原子力エネルギー」について教えることが、「中立」ではなく、いずれかに「偏った」ものであるかのように思わせてしまう「ワナ」が仕掛けられているように思うのです。

このことは、現場の教師たちにとって、原発や原子力エネルギーの問題を教えることについて、この問題は、「反対VS賛成」というように、二項対立的な構図の「政治的な争点」となっていることであるから、できれば自分の授業では触れたくない、教えたくない、というような気持ちを抱かせることになります。なぜなら、どちらか一方の立場の考え方を強調して教えたならば、もしかすると反対側の立場からの批判や非難を受けることになるかもしれないというような「恐れ」を抱いてしまうからなのです。できれば、そのような面倒な問題については、自分の授業では触れたくないし、教えたくない。どうしても、教えなければならないなら、どちらの立場からも批判・避難されないように、あくまでも「中立」の立場から、「両論併記」で、両方の立場の考え方を、同等に扱って教えればよいと考えてしまうようになるのではないでしょうか。

おそらく、このようなこともあって、一九八〇年代以降においては、たとえ教科書に「原発」や「原子力エネルギー」のことが記載されるようになったとしても、かならずしも学校現場の多くの教師たちは、この問題を、詳しく、しっかりと教えようとすることに躊躇し、へたに教えることはできないという、「恐れ」の気持ちを抱いてしまっていたのではないでしょうか。そして、そのような学校現場の状況は、福島第一原発の事故の後、現在に至っても、それほど変わってはいないように思われるのです。

2　しっかりと教えられてこなかった「放射能」のこと
―放射線教育、空白の三十年間―

○「放射線教育」の空白時代

二〇一二年の夏休み、私は、いくつかの全国的な規模の教育研究集会に参加して、私の「原発出前授業」の実践について報告させて頂く機会がありました。そこで、全国各地の学校現場で、原発と放射能の授業に取り組まれている何人もの先生方とお会いし、そのお話を直接うかがうことが出来ました。改めて、原発と放射能の授業に取り組んでいるのが、自分一人ではなく、全国にも、そのような先生方がおられることに、とても勇気づけられるとともに、自分も、もっと頑張ろうという元気も出てきました。

しかし、一方で、積極的に原発と放射能の授業に取り組むような先生方が、全国に数多くいるのかというと、必ずしもそうではなく、それぞれの地域の中では、そのような先生の存在はめずらしく、数少ない貴重な取り組みであるということもわかりました。やはり、全国的にも、まだまだ原発と放射能の授業についてはやりたいと思っていても、なかなか取り組めないとか、どのように取り組んでよいのかわからないという先生方も多いようです。中でも、原発や放射能について、子どもたちに教えたい、伝えたいと思っても、そもそも教師である自分自身が、原発と放射能について、よく知らないし、わかっていないという先生方が多いということもわかってきました。

ちょっと古いデータですが、今から十年ほど前に、文部科学省が日本原子力文化振興財団というところに委託したアンケート調査によると、学校の先生方の中で、「放射線の情報」を「学校教育」から得たと答えている先生のうち、教職経験が十年未満の先生方は27％なのに対して、教職経験十年以上の先生方は46％であり、なんと19％もの差があったということだったのです。ここで、教職経験十年未満の先生方というのは、だいたい一九八〇年代から一九九〇年代に学生時代を送った方々だと思われますが、一方、教職経験十年以上の先生方は、一九八〇年代からそれ以前に学生時代を送った方々だと思われます。

じつは、一九八〇年代から二〇〇〇年代にかけての、およそ三十年間は、日本の学校教育の中において「放射線」とか「放射能」について、あまり詳しく教えられることが無かった「放射線教育」の空白時代だったと言われているのです。

○ しっかりと教えられなくなっていた「放射線」と「放射能」

日本の学校教育の中で、「放射線」とか「放射能」についての知識は、主に「理科」において扱われてきました。一九七〇年代までの中学校の理科の教科書では、「原子の構造」の章が18ページもあり、「X線」については2ページにわたって説明されており、他にも「原子、原子核、同位体、放射線、半減期、核分裂」というような用語も学習するようになっていました。そして、「資源の活用」の章では、「原子力、ウランの核分裂の連鎖反応、核融合、原子力発電」というような言葉も、当時は学習するようになっていたそうです。ところが、一九八〇年代に入ると、「原子、原子核、同位体」などの用語が教科書から削除されていくようになったのです。

これは、一九七〇年代までの文部省の学習指導要領が、科学的で系統的な知識をしっかりと子どもたちに教え込むという方針のもとに作成されたものであったからなのですが、これが「詰め込み教育」ではないかという批判が高まり、一九八〇年代の学習指導要領では一転、「ゆとり教育」を進めるとして、授業時間数を削ったり、授業内容を精選していくことになりました。これによって、中学校の教科書から、「原子」についての記述がまったく無くなったというわけではありませんが、学習指導要領には、「放射線」に関する指導についての記述はほとんど削られてしまったそうです。さらに、高校入試でもあまり出題されなくなってきたこともあって、学校現場でも、あえて「放射線」や「放射能」について取り上げる先生は少なくなっていったと言われています。おそらく、同様の傾向は、高校の教科書や学校現場でも、あったものと思われます。

○「放射線」を「教えられなかった世代」と「教えられた世代」

このように、一九八〇年代以降、学校現場において、「放射線教育」の空白時代が生じたことは、単に「ゆとり教育」による授業内容の精選によるものだけではなく、「放射線」や「放射能」については、あえて子どもたちには、学校で積極的に「教えない」というような傾向もあったのではないかと思われます。ちょうど、一九八〇年代は、スリーマイル島原発事故やチェルノブイリ原発事故など、海外での原発事故が相次ぎ、日本国内でも放射能に対する不安が高まり、各地の原発立地候補地域では、原発建設反対運動が盛り上がっていた頃でもありました。そんな時期に、「放射線」や「放射能」について学校現場で、しっかりとした知識を身に付けられては、かえって「寝た子を起こす」ようになっては困ると考えて、あえて「教えようとしなかった」のかもしれません。

それでは、一九八〇年代以前に学校教育を受けてきた世代は、系統的な知識を身につけるという「詰め込み教育」によって、しっかりと教えられてきたから、「放射線」と「放射能」の情報や知識を身に付けたのだと言えるのでしょうか。私自身が、ちょうどその世代にあたるのですが、必ずしもそうだからとは言えないように思います。むしろ、私たちの世代は、学校で、当時の先生方からの熱心な「平和教育」によって、「広島・長崎の原爆」のことや「放射能の怖さ」を、しっかりと「教えられてきた」からではないのかと思うのです。

さらに私たちの世代は、世界各地での「水爆実験」や、米ソの冷戦による「核軍拡競争」などをリアルタイムで経験し、「核の恐怖＝放射能の恐怖」ということを、身をもって実感していることも大きいと思います。学生時代にそのような知識を学校で教えられたり、同時代でのそのような経験があったりしたので、一九八〇年前後のスリーマイル島原発事故やチェルノブイリ原発事故にも、「原発事故＝放射能の恐怖」ということが、リアルに実感できたのだとも考えられます。

○ いちばん大きいのはマスコミからの影響

では、一九八〇年代以降に学校教育を受けてきた世代は、「放射線」や「放射能」について、まったく教えられてこなかったのか、情報や知識を身に付けることが出来なかったのかというと、そうではありません。先ほどの、文部科学省のアンケート調査によると、一般市民の方々が、「放射線の情報」について、どこから得たのかという質問に対して、小学校（14％）、中学校（26％）、高校（21％）、TVの報道番組（70％）、新聞、雑誌で読んだ（56％）となっているのです。これは、どの世代においても関係なく、学校教育よりもTVや新聞などのマスコミの報道によって情報や知識を得たという率が圧倒的に大きいのです。

つまり、「放射線」や「放射能」については、学校でしっかりと教えられなかったぶん、子どもたちはTVや新聞などのマスコミから、その情報を得て、知識を身に付けていったのだということなのです。しかし、日本のマスコミが、原発や放射能について、つねに正しい情報と真実を国民に伝えているのかどうかということについては、大きな疑問があることは、今回の福島原発事故からも明らかです。むしろ、これまでマスコミは、電力会社から多額の宣伝・広告費をもらっている関係もあり、原発や放射能については、その危険性や恐怖よりも、必要性や安全性のほうを強調するような情報や知識を伝えてきたのではないでしょうか。マスコミもまた、「原子力ムラ」の一角を占めているということは、福島の原発事故以後、かなり明らかになってきていることです。

そして、子どもたちは、学校からは「放射線」や「放射能」についての正確な情報や知識をあまり教えられることなく、一方で、このようなマスコミからの圧倒的な影響を受けて、そこから「放射線」や「放射能」についての情報や知識の多くを得てきていたのではないでしょうか。

○ 風向きが変わってきた二〇〇〇年代以降

このように、一九八〇年代以降、学校教育の中では、あまり「放射線」や「放射能」については、積極的には教えられることはなく、むしろ人々は、TVや新聞、雑誌などのマスコミを通しての情報や知識を得ていくという流れがあったように思えますが、それも二〇〇〇年代に入ると、状況は急激に変わっていくことになります。それは、それまでの「文部省」と「科学技術庁」が、中央官庁の再編に伴って、新たに「**文部科学省**」となってからのことです。わが国の「科学技術庁」は、それまでの日本の原子力行政を、そのスタートから担い、中心となって推し進めてきた行政組織です。その「科学技術庁」が、日本の学校教育行政を担ってきた「文部省」と合体したことによる影響は、その後いろいろな面で顕著になっていきます。その一つが「原発」や「放射能」についての「教科書検定」の強化でした。

それまでも、「原発」や「放射能」については、中学校の「社会」や「理科」、高校の「公民」や「理科」の教科書の記述などに、「教科書検定」による修正や書き換えが行われていましたが、二〇〇〇年の中学校教科書の検定と二〇〇一年の高校教科書の検定で、「原発」に関する記述についての意見は、中学ではゼロ、高校では2点のみでした。ところが、二〇〇四年（高校は二〇〇五年）の教科書検定から、突然、この検定が厳しくなっていったのです。それまで、教科書における「原発」や「放射能」の記述については、長所もあるが短所もある、というような両論併記のバランスがとれていれば比較的合格しやすかったのですが、明らかに長所の記述を強調させる一方で、短所の記述を抑えさせるような検定意見が、多数付けられるようになっていったのです。

この時の検定意見の多くは、「修正」を求めるというよりは、むしろ「書き換え」を求めるような、強いものだったということです。これは、あきらかに、それまでの「原発や放射能」については「あまり教えない」という方向から、ある特定の方向へと「しっかり教えていく」という、文部科学省の方向転換が現れているように思います。そのことは、文部科学省という官庁が、再編による合体によって、「原子力ムラ」にしっかりと取り込まれていったということを示しているように思われます。

○「あまり教えない放射線教育」から「しっかり教えていく放射線教育」へ

そして、文部科学省は、二〇〇八年度の「理科」の学習指導要領の改訂に際して、「**放射線の性質と利用にも触れること**」という記述を明記し、なんと三十年ぶりに「放射線教育」を復活させました。これには、この時の指導要領改訂が、「脱ゆとり教育」で、「理数教育の充実」をめざすために、授業時間を増やし、教える内容も「ゆとり教育」で削られた部分を元に戻すということもありましたが、それだけではなく、文部科学省自身の、明確な、ある方向性をもった「意図」があったように思われます。

それは、「放射線は自然界にも存在すること、放射線は透過性をもち、医療や製造業などでも利用されていることなどにも触れること」という記述からも明らかなように、原発などの「放射線の有用な面」を強調して、それを子どもたちに、「しっかりと教えていく」ことを「意図」したものだと思われます。

このような文部科学省の方向転換には、科学技術庁との再編によるものというだけでなく、その背後には、「**日本原子力学会**」という「原子力ムラ」の一角からの圧力もあったと思われます。「日本原子力学会」の「原子力教育・研究特別委員会」では、二〇〇九年、それまでの小学校から高校の学習指導要領と教科書の記述を詳細に調査・検討して、二〇〇八年度版の改訂学習指導要領の本格実施に向けての「提言」を出しています。これによると、「現行の小学校の教科書における原子力の記述はほとんど見当たらない」だとか、「記述内容がやや偏っている」とか、中学校の教科書については、「原子力発電のメリットについて述べている教科書はほとんどない」とか、「原子力の有用性についての説明がでていない」というように文句をつけた上で、「原子力施設の安全性は高く、リスクも小さい」など、原発の必要性と安全性を、学校で「しっかりと教えていく」ことを求めています。

「日本原子力学会」が、このような「提言」を出した背景には、当時の電力会社や原子力産業、そして政府をはじめとする「原子力ムラ」の、日本におけるエネルギー全体における「原発」の比率を50％にまで引き上げ、さらには海外にまで「原発」を輸出していきたいという「意図」があり、そのような原子力政策を強力に推し進めるためには、学校現場においても、「原発」や「放射能」について、「しっかりと教えていく」必要性があると考えたからにほかならないと思われます。

3　学校に送り付けられてきた謎の「原発・放射能パンフ」

○　謎の「原発・放射能パンフ」

一九八〇年代の後半頃から一九九〇年代にかけて、当時私が勤務していた学校に、原発や放射能に関するパンフや資料、図書などが、たびたび大量に送り付けられてくるということがありました。そのようなパンフ・資料・図書の発行元や送付元は、たいてい「原子力〇〇財団」とか、「原子力〇〇センター」というような名称の、いわゆる「原子力関連産業」の「業界団体」と呼ばれるもので、主に電力会社や原子力産業からの寄付や、国からの補助金などで運営されているような団体がほとんどだったと思います。今なら、これらの団体が、いわゆる「原子力ムラ」の中の**「プロパガンダ（広報宣伝）団体」**であり、同時に、文部科学省や経済産業省関連の「天下り団体」であるということが、わかるのですが、当時の私は、一体これがどういう性格の団体なのかは、よくわかっていませんでした。

しかし、これらの団体は、当時このような大量のパンフ・資料・図書を、おそらく日本全国の、ほとんどの小中高の学校や図書館に送りつけていたと思われるのですが、その制作費や印刷代、そして郵送費にかかったお金は、かなり膨大なものであったに違いありません。一体どうして、これらの団体は、そんなにもお金があるのだろうかと、当時はとても疑問に思ったのですが、これも、今考えると「原子力ムラ」から流れていた「原発マネー」であったのではないかと思われます。

一九八〇年代後半頃と言えば、ちょうど一九八六年にソ連のチェルノブイリ原発事故が起きて、日本でも原発や放射能に対する不安が高まり、原発建設反対運動などの「反原発運動」が盛り上がっていた時期でした。そのような動きに危機感を抱いた「原子力ムラ」の住民たちが、このような「原子力団体」を通して、「原発は安全！　放射能は恐くない！」というプロパガンダ（広報宣伝）を、学校現場で推し進めようとして、あのような大量なパンフ・資料・図書を学校や図書館に送りつけてきたように思われます。

しかし、私だけでなく、当時の学校の先生方の多くは、このような「原子力団体」の「うさんくささ」をなんとなく感じていたのか、あるいはまったく関心がなかったのか、これらのパンフ・資料・図書の、ほとんどが学校現場ではあまり活用されることもなく、ゴミ箱に投げられるか、職員室の資料ロッカーの中や、図書館の片隅に押し込まれていったのではないでしょうか。

○「日本原子力文化振興財団」というプロパガンダ団体

このような原発や放射能のプロパガンダ・パンフや図書を、学校に大量に送りつけてきていた数ある「原子力団体」の中でも、私が、もっとも印象に残っているのは、「**日本原子力文化振興財団**」という団体の名前です。たしか『原子力文化』というようなタイトルの小冊子（月刊誌？）が、よく学校にも送られてきて、しばしば目にした記憶があります。いちおう月刊誌という体裁で、年間購読料が二千円（二〇一三年現在）ということなのですが、いつもタダ（無料）で学校に送られていたように思います。『原子力文化』というタイトル自体を見て、一体どんな文化なのだろう？　そんな文化なんてあるの？　という疑問を抱くようなタイトルなのですが、中身は有名人のインタビューや対談記事があったり、一見普通の雑誌のような体裁なのですが、基本的には国の原子力政策について、これを肯定的に広報宣伝（プロパガンダ）するためのパンフだと思いました。この「財団」は、このような月刊誌以外にも、様々な原子力や放射能についてのパンフレットや資料を作成・発行していて、そのほとんどが、いつもタダ（無料）で学校に送られてきていたように思います。

一体、この「日本原子力文化振興財団」とは、どのような団体なのでしょうか。インターネットで調べてみたところ、ＨＰが開設されており、そこにはこの団体が様々な事業に取り組んでいることが紹介されていました。

主な事業としては、①原子力についての講演会・研修会の講師派遣、②原発などのエネルギー関連施設への見学会、③学校の先生向けのエネルギーと環境講座、④地方自治体職員向けの原子力研修講座、⑤報道関係者のための原子力講座、⑥原子力やエネルギーに関するシンポジウムの開催、⑥原子力・放射線に関する広報、⑦ＤＶＤなどの映像ソフトの貸し出し、⑧原子力に関する世論や意識についての調査報告、⑨原子力やエネルギーに関する各種広報素材の企画・製作、⑩雑誌や原子力に関するパンフ・資料集の製作・発行などが上げられていました。

私が知っていたのは、最後の⑩パンフ・資料集の製作・発行くらいでしたが、こうやって見ると、じつに多様に、いろいろなことを事業として手がけている団体だということがわかります。さらに、この団体は、いつ頃、なんのために設立され、なにを目的として、このような事業に取り組んでいるのかを調べてみると、一九六九（昭和四十四）年に設立されており、その目的としては、「広く一般に原子力平和利用に関する知識の啓発と普及を積極的に行い、その知識を高め、もって明るい文化社会の形成に寄与すること」ということが定められてありました。

組織としては、八人の理事、七人の評議員がいて、そのメンバーは電力会社の元社長や原子力産業の役員、原発や放射能の研究者である大学教授などの名前が並んでいますが、常勤の役員は四名、職員は四十五名と、それほど大きな組織ではないようです。しかし、事業内容は多岐にわたり、その活動の対象も一般市民、マスメディア、学校関係者、地方自治体職員など広範囲です。そして、その予算規模は毎年5億円を超えるという巨額なものとなっています。

事業内容を見ると、見学会や講習会など一部有料のものもありますが、日本全国の学校にパンフや資料をタダ（無料）で送ったり、学校の先生方を対象とした無料の研修会を開いたりなど、基本的にあまり収益を上げるような活動をしていないように見えますが、その会計の内訳をみると約2億円が事業収益で、約3億円が賛助会費という名目の寄付金による収入になっています。たぶん、この約2億円程度の事業収益も、文部科学省や電力会社などからの委託・外注から得ているものではないかと考えられます。

こうやって見ると、あきらかにこの「日本原子力文化振興財団」という団体は、いわゆる「原子力ムラ」と呼ばれる原子力関連の電力会社、企業、政府機関、研究者などが中心となって組織されたもので、市民、マスメディア、学校関係者、自治体職員などに向けて、「原子力政策」や「原発・放射能の安全性」について、これを広報宣伝するための「プロパガンダ団体」であるように思われます。

○『原子力PA方策の考え方』という「文書」

ここに、とても興味深い「文書」があります。『原子力PA方策の考え方』というタイトルで、一九九一年に、科学技術庁からの委託を受けて、「日本原子力文化振興財団」がまとめた報告書とされています。これは、当時読売新聞社の論説委員だった中村政雄氏を委員長として、学識経験者、電気事業者、原発メーカー担当者などが委員として組織された「原子力PA方策委員会」で論議された内容を要約するかたちでまとめたものだと言われています。「PA」とは「パブリック・アクセプタンス」の頭文字をとったもので、「社会的受容性」とも訳されますが、「人々が受け入れる」という意味で、社会において企業活動などの理解促進を図る活動を指すと言われています。

この委員会では、基本的に、マスメディアなどを通して、どのようにすれば、国民の原発や放射能への不安・不信を取り除き、原発の必要性と安全性を認識させることが出来るのか、そのための効果的、具体的な方策が論議されています。つまり、**国民に対して、どのように広報宣伝すれば、「原発」や「放射能」というものを「受け入れてくれるか」ということについて論議し、その方策についての様々な考え方をまとめたものが、**この文書ということになります。

この文書では、まず国民に対して、どのように広報を行ったらよいかについての具体的な手法が数多く上げられています。その代表的なものを、いくつか列記してみます。

・対象を明確に定めて、対象毎に効果的な手法をとる。

・父親は社会の働き手の最大集団であり、彼らに原子力の理解者となっていただくことが、まず、何より必要ではないか。

・女性（主婦層）には、訴求点を絞り、信頼ある学者や文化人等が連呼方式で訴える方式をとる。

・不安感の薄い子供向けには、マンガを使うなどして必要性に重点を置いた広報がよい。

・繰り返し、繰り返し広報が必要である。新聞記事も読者は三日すれば忘れる。繰り返し書くことによって、刷り込み効果が出る。

・短くともよいから頻度を多くして、繰り返し連続した広報を行う。政府が原子力を支持しているという姿勢を国民に見せることは大事だ。

・一般人が信頼感をもっている人（医者、学者、教師等）からのメッセージを多くする。

・原子力が負った悪いイメージを払拭する方法を探りたい。どんな美人にもあらはある。欠点のない人がいないように、世の中のあらゆるもの、現象には長所と短所がある。差し引き長所がどのくらい短所を上回るかが現実の選択基準になる。不美人でも長所をほめ続ければ、美人になる。原子力はもともと美人なのだから、その美しさ、よさを嫌みなく引き立てる努力がいる。

・原子力は一般的に短所ばかり言い立てられている。長所をアピールすべきだ。

・長所と短所を提供し、両方を見比べて考えてもらうこと。大部分の人々は、本当はよく知らないのだ。

・知らないがために不安が大きくなるのだから、基礎的データで知るための事実を提供する。原子力は〝危険〟が前提のエネルギーであるから知ってもらうことが多くあるはずである。

・原子力による電力が〝すでに全電力の三分の一も賄っているのなら、もう仕方がない〟と大方は思うだろう。

・放射線や放射能が日常的な存在であることを周知させる必要がある。

・危険や安全は程度問題であることをわれわれはもっと常識化する必要がある。

・基礎的な知識がないと、ちょっとしたニュースに対しても不安感が募りがちであるから、日頃から系統立てた安全性の説明が必要だ。

・科学技術庁、通商産業省・各電力会社、電気事業連合会等で、それぞれ似たようなパンフレットを作っている。その金を集めて、効果的に作ってはどうなのか。個々に作った方がいいものもあるだろうが、共通の方がいいものもあるように思う。

こうやって上げてみると、いわゆる「原子力ムラ」の人たちが、国民というものや、原発・放射能・原子力政策について、これらをどのように考えていたのかが、よくわかります。簡単に言うと、国民の多くは、原発と放射能について「よく知らない・わかっていない」から、いたずらに不安感や恐怖心を抱いたり、悪いイメージを持つのであって、きちんした知識・事実を「伝えること・教えること」によって、正しく知ってもらい、理解してもらえば、必ずや国民の多くは「原子力政策」に賛成し、原発や放射能を受け入れてくれるだろう、という考え方です。そして、国民に「知ってもらい、理解してもらう」ためには、その対象と方法をよく考えて、効果的に広報・宣伝を行わなければならないだろうという考え方なのです。

○「知ること・理解すること」は、「賛成すること・受け入れること」なのか？

ここでちょっと気になるのは、国民が原発や放射能、原子力政策について「知ること・理解すること」が、そのまま「不安感や恐怖心がなくなること」であり、「賛成すること・受け入れること」に必ずつながっていくのだという、この「文書」に見られる考え方です。

私自身も、生徒たちや市民の皆さんに原発や放射能のこと、国の原子力政策がやってきたことなどを、「知ってもらいたい・理解してもらいたい」と思って、学校での「原発や放射能の授業」や「原発出前授業」をやっていますが、原発や原子力政策について賛成なのか反対なのか、それを受け入れるのか受け入れないのかは、それらの情報や知識を「知って、理解した」上で、それぞれの生徒たちや市民の皆さん自身が主体的に「考えて、判断して」もらいたいと思っているのです。

本当の意味での、「知ること、理解すること」というのは、その後に、国民それぞれが、「賛成か、反対か」「受け入れるか、受け入れないか」を、主体的に「考えて、判断する」ということが担保されていなければならないのではないでしょうか。最初から、原発や放射能、国の原子力政策について、「知って、理解」してもらえば、必ずや国民は「賛成して、受け入れる」はずだというのであれば、「反対して、受け入れない」国民は、「知らないで、理解していない」からだという、おかしな理屈になってしまうのではないでしょうか。

この「文書」に見られるような、原発と放射能、国の原子力政策について「知ること、わかること」は、必ず「賛成する、受け入れる」ことになるはずだという考え方には、国民が主体的に「考える、判断する」ということを担保していないという意味で、最初から一つの決まった「考え方、判断」を国民に「押しつけ」て、これを「受け入れさせよう」という「隠された意図」があるように思われます。

まさに、この「文書」における「ＰＡ（社会的受容）」という言葉は、原発と放射能、国の原子力政策について、これを国民が「賛成して、受け入れる」という「考え方、判断」を、より効果的な広報宣伝活動によって、国民に「受け入れさせる」という意味なのではないでしょうか。そういった意味で、この「ＰＡ」というのは、むしろ「プロパガンダ（洗脳宣伝）」というようなものであるように思われます。

この「文書」を当時の科学技術庁から委託され、まとめたのは「日本原子力文化振興財団」です。その書かれている内容については、この時に集められた委員のメンバーたちの論議での発言が中心になっていると思いますが、この「文書」に見られるような「原子力ムラ」の人たちの「考え方」は、そのまま「日本原子力文化振興財団」の「プロパガンダ団体」としての「性格」を現しているように思われます。

そうやって考えると、一九八〇年代後半から一九九〇年代にかけて、学校に大量に送り付けられてきた謎の原発・放射能パンフというのは、「日本原子力文化振興財団」のような「原子力ムラ」の「プロパガンダ団体」が、学校の教師や生徒たちに、原発や放射能、国の原子力政策について「知ってもらい、理解してもらい」、そしてこれに「賛成し、受け入れてもらいたい」という「隠された意図」を持って送りつけてきた「プロパガンダ・パンフ」であったと言えるのではないでしょうか。

4　文部科学省による「原子力・エネルギー教育支援事業」

○「原子力ムラ」の人々と学校教育

『原子力ＰＡ方策の考え方』の中には、「原子力ムラ」の人々が学校教育に関して、どのように考えているのかを知ることが出来る、いくつかの意見の記述があります。

・教育課程における原子力・エネルギー問題の取り上げ方を検討する。教科書（例えば中学校の理科）に原子力のことが、スペースは小さいが取り上げられてある。この記述を注意深く読むと、原子力発電や放射線は危険であり、出来ることなら存在してもらいたくないといった感じが表れている。書き手が自信がなく腰の引けた状態で書いている。これではだめだ。厳しくチェックし、文部省の検定に反映させるべきである。さらに、その存在意義をもっと高く評価してもらえるように働きかけるべきだ。

・教師が対象の場合、大事なのは教科書に取り上げることだ。文部省に働きかけて原

子力を含むエネルギー情報を教科書に入れてもらうことだ。

・学校は重要な組織であると心得て、学校教師には科学技術庁からダイレクトメールを直送したらどうか。読まれる率も高いし、国の積極的姿勢も同時に示すことが出来る。

このように、「原子力ムラ」の人たちは、原発や放射能を国民に知ってもらい、理解してもらうには、学校教育や教科書、教師の役割が、とても重要であることを認識していたようですが、一九九〇年代くらいまでは、学校教育の教育内容や教育活動に、直接的に「介入」するということはあまりなく、あくまでも間接的に文部省に働きかけて（圧力をかけて？）「教科書検定」によって、教科書の記述を「書き換え」させたり「書き加え」させたり、「原子力団体」を通してダイレクトにパンフや資料を送りつけたりしていました。

しかし、そのような状況も二〇〇〇年代に入ると、急激に変わっていくことになります。それは、先ほども指摘しましたが、それまでの「文部省」と「科学技術庁」が、中央官庁の再編に伴って、新たに「文部科学省」となってからのことです。わが国の「科学技術庁」

は、それまでの日本の原子力行政を、そのスタートから担い、中心となって推し進めてきた行政組織ですが、その「科学技術庁」が、二〇〇一年度から、日本の学校教育行政を担ってきた「文部省」と合体したことによる影響は、その後いろいろな面で現れていくことになります。

○ 文部科学省による「原子力・エネルギー教育支援事業」

その一つの現れが、文部科学省の「**原子力・エネルギーに関わる教育支援事業**」です。この事業は、「学校教育段階から原子力・エネルギーに対する理解増進を図る事により、国民一人一人が原子力に対する正しい理解や正確な判断能力を身に付けることで、国民との相互理解に基づいた原子力政策の推進を図る」ことを目的として、国が「原子力・エネルギー教育の質を向上させるため、各自治体のみでは取り組みが難しい全国的な教育支援事業を実施」するとされたものです。

これは、二〇〇二年度から始まった「原子力・エネルギーに関する教育支援事業交付金」と、二〇〇九年度から始まった「原子力教育支援事業委託費」の二つをあわせると、一番多い年（二〇一一年度）で総額十億円を超える巨大事業です。その具体的な事業形態としては、**「原子力・エネルギー教育」**のための、**⑴財政的支援、⑵学習機会の提供、⑶副教材等の提供、⑷課題の提供**などがあります。

⑴の「財政的支援」というのは、原子力・エネルギー教育の実施のための教材、実験器具等の購入・整備の費用について、申請された自治体に対して「補助金」を「交付」するというものです。当初は、この交付金支援事業全体の約八割を、このような教材等の購入費用にあてていたのですが、二〇〇二年度も、二〇〇三年度も、あまり自治体からの「申請」は多くなく、その「申請」があったとしても、「原子力以外の太陽光や風力などの環境・エネルギー関係の教材、実験器具」が多かったということでした。

これでは、「原子力教育の推進のため」という目的を達成するためには効率が悪いということで、二〇〇六年度に財務省から、「より効率的に原子力への理解増進を促すため、内容の絞り込みが必要」との指摘を受け、文部科学省は、自治体の「交付金」の申請時に、「原子力・放射線に関連した教材、実験器具」への割り当てを三割以上に引き上げるよう指示するようになりました。なぜ「三割以上」なのか？　というと、当時、日本のエネルギー需要のうち約三割が原子力で賄われているからという理由だったそうです。

⑵の「学習機会の提供」というのは、おもに小・中・高校の教職員を対象とした原子力や放射線の研修・セミナーの開催で、「教員が専門家の講義や実習等により、放射線や原子力に関する知識等を学ぶ機会を提供する」ことを目的としたものです。「原子力・放射線に関する教育職員セミナー」という名称で、原子力・放射線について、講義、実験、実習、施設見学等を中心に、理科系の専門的な科学的知識の習得を目的とした「応用コース」から、資源・エネルギー・環境・防災教育といった総合的な学習の時間等へ役立てることが出来るような内容の「基礎コース」まで用意されており、さらに全国から受講者を募集するコースと各地域で開催されるコースで構成されています。基本的に受講料は無料ですが、なんと交通費および宿泊費までもが「当セミナーの基準に基づいて支給します」となっているのです。いちおう主催は文部科学省なのですが、実際の企画・運営は「公益財団法人原子力安全研究協会」というような「原子力ムラ」の「業界団体」に委託・外注されているものであるのにもかかわらず、交通費および宿泊費までも、基準によって支給されるというのは驚きです。

この他に、「講師派遣」というかたちで、「エネルギー、環境、原子力、放射線を巡る諸問題について、情報を提供し、理解を深めてもらうこと」を目的として、中・高校等に講師を派遣したり、放射線に関する基礎的事項の解説を通して、放射線に対する理解を深めるための「中学生のための放射線教室」として講師を派遣したりする事業などもあります。

(3)の「副教材等の提供」というのは、原子力・エネルギーに関する学習機器（簡易放射線測定器「はかるくん」や、放射線の特性実験を行うことが出来る実習用キットなど）を学校現場に貸し出したり、様々な展示物等を全国の博物館や科学館等へ巡回展示するとともに、それらを利用した企画展を実施すること、さらには教育情報の提供ということで、学校現場の教職員や児童生徒を対象としたインターネット上にホームページのサイトを開設し、そこから原子力と放射線についての様々な情報、資料などを提供するというものです。そして、あとで詳細に説明しますが、福島での原発事故の後、問題となった「原子力副読本」や「放射能副読本」を作成し、学校現場に提供・配布するということも、この「副教材等の提供」の中に含まれているのです。

○　昔からやっていた、教職員を対象とした「原子力体験セミナー」

これらの「原子力・エネルギー教育支援事業」の予算の中で、自治体への「交付金」以外で、もっともお金をかけられているのが、学校の教職員に対して、原子力や放射線についての「学習機会の提供」を行う「**原子力・放射線に関する教育職員セミナー**」の開催です。やはり、子どもたちに原子力や放射線について、しっかりと知って、理解してもらうためには、学校で直接に子どもたちに教育をしている先生方に、まずは知って、理解してもらわなければならないということなのでしょう。

じつは、このような原子力や放射線についての知識の普及と理解の向上をめざす現職教員を対象にした研修・セミナーは、かなり以前から取り組まれていたようです。日本での原発の立地・建設が本格化し始めた一九七二年、当時の科学技術庁は、文部省の後援を得て、全国の高等学校・高等専門学校の教員を対象として、原子力・放射線について正しい知識の普及を図るために「原子力実験セミナー」を、「放射線医学総合研究所」と「日本原子力研究所（現日本原子力研究開発機構）」で開始しました。

一九九〇(平成二)年度からは、特別会計予算による委託事業として「日本原子力研究所」が単独で実施することとなり、さらに一九九八（平成十）年度からは全ての事業が「放射線利用振興協会」に委託され、翌年にはセミナーの名称を「原子力体験セミナー」と改称しました。その後、学校の授業への活用を検討する「授業実践研究コース」や、文系の教員を対象とする「文系コース」、さらに専門的な知識を身につける「上級理科コース」などを設けていったそうです。

つまり、このような原子力や放射線についての「教職員セミナー」は、もともと旧科学技術庁の事業として取り組まれていて、それを「原子力ムラ」の「業界団体」に委託して以前から実施していたものだったのです。それを、二〇〇一年度以降に、省庁再編で文部科学省となってからは、「原子力・エネルギー教育支援事業」の一つとして実施されるようになり、二〇〇九年度から「原子力教育支援事業委託費」が始まってからは、その名称を「原子力・放射線に関する教育職員セミナー」としたということのようです。

○「原子力・放射線に関する教育職員セミナー」

私自身は、このような教職員向けの「原子力体験セミナー」を直接「体験」したことはないのですが、今、手元に二〇一〇（平成二十二）年度の「原子力・放射線に関する教育職員セミナー」の募集案内のチラシがあるので、そこから詳しい内容を見ていきたいと思います。まず、このセミナーには初心者（主に文系の教員？）向けの「基礎コース」と、さらに専門的な知識を身に付ける（主に理系の教員向けの？）「応用コース」に分かれて

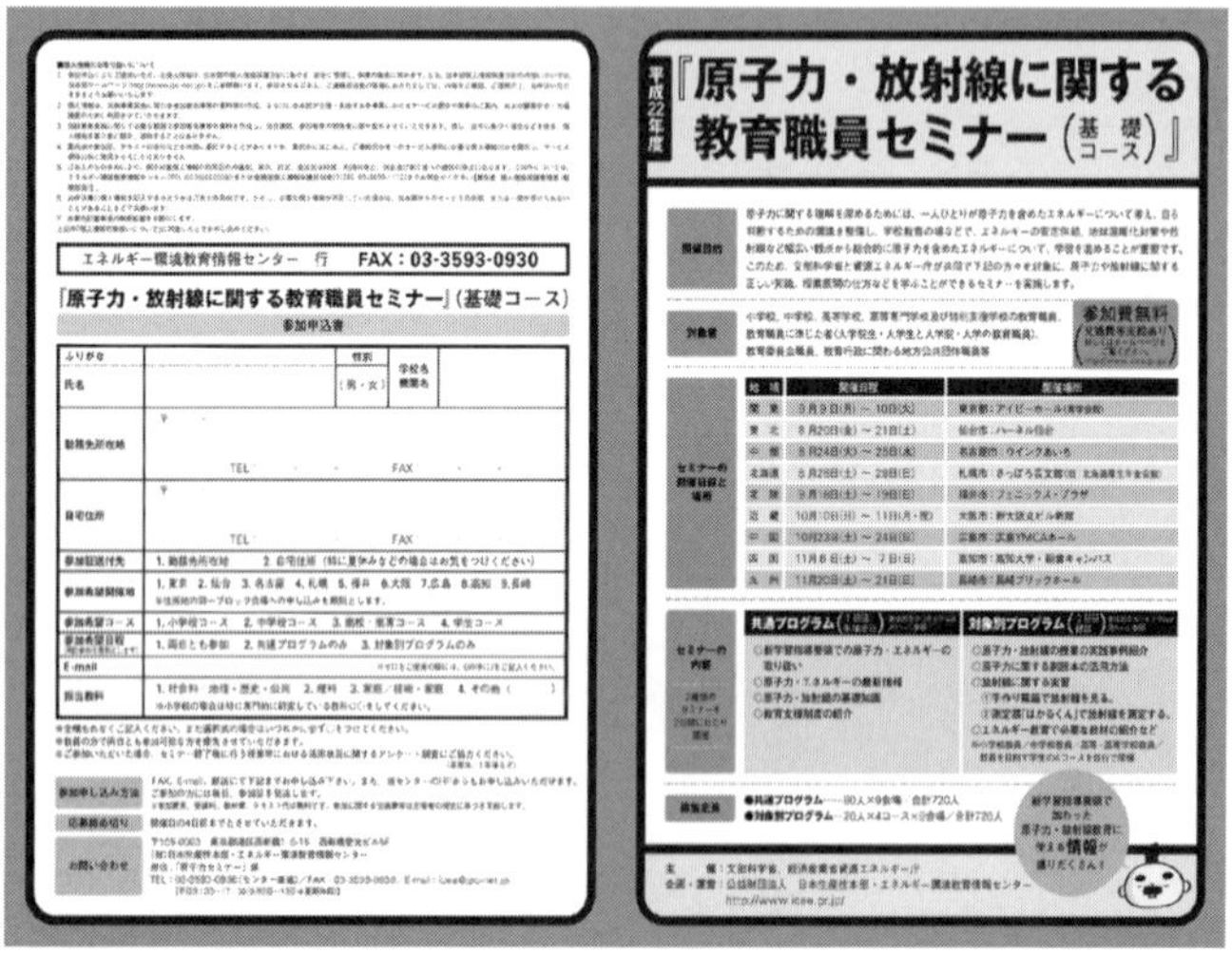

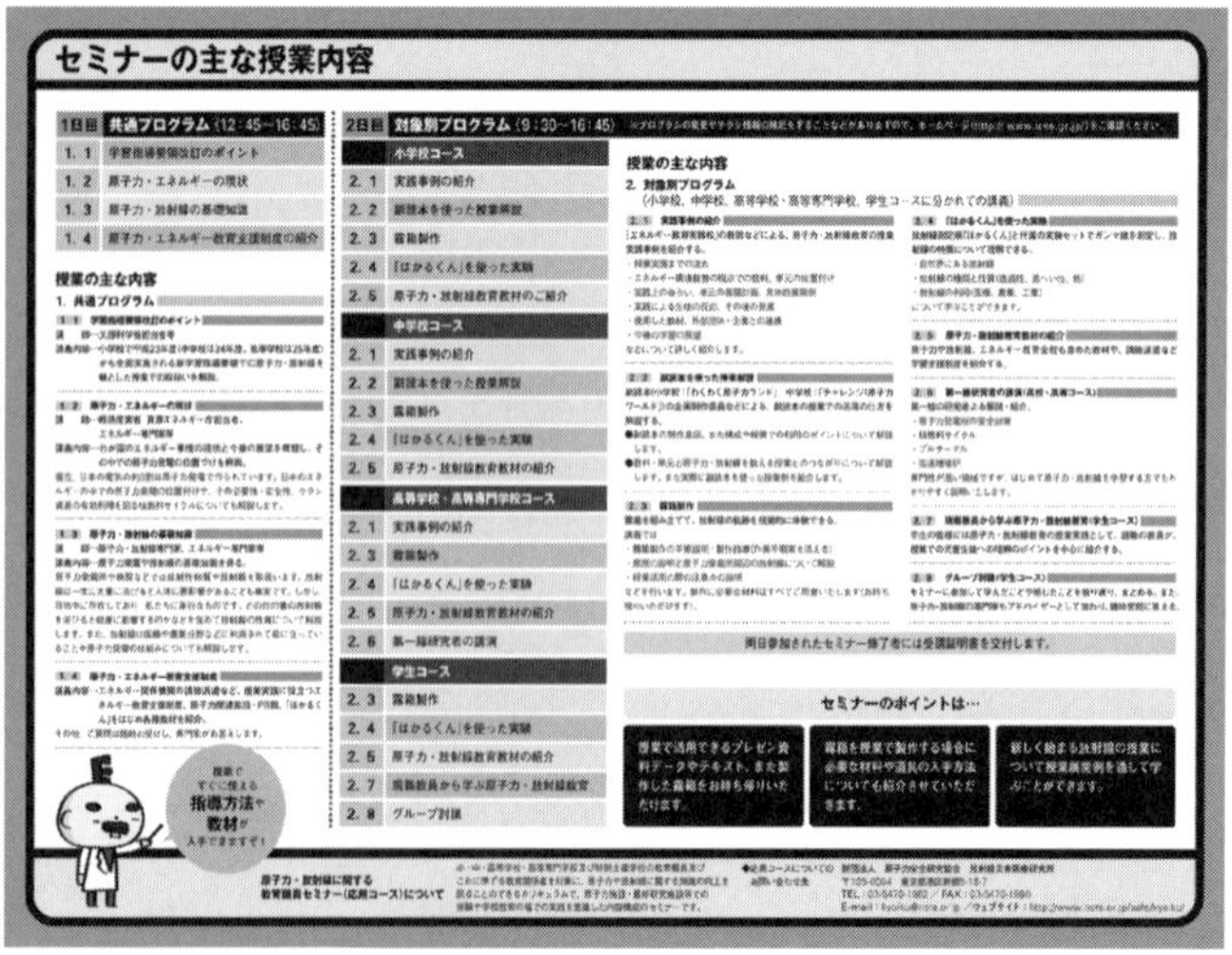

2010（平成 22）年度の「原子力・放射線に関する教育職員セミナー」の募集案内のチラシ

います。

開催目的としては、「原子力に関する理解を深めるためには、一人一人が原子力を含めたエネルギーについて考え、自ら判断するための環境を整備し、学校教育の場などで、エネルギーの安定供給、地球温暖化対策や放射線など幅広い観点から総合的に原子力を含めたエネルギーについて、学習を深めることが重要」であるとして、「原子力や放射線に関する正しい知識、授業展開の仕方などを学ぶことができるセミナー」を実施するとあります。

参加対象者は、「小学校、中学校、高等学校、高等専門学校及び特別支援学校の教育職員、教育職員に準じた者（大学院生、大学生と大学院、大学の教育職員）、教育委員会職員、教育行政に関わる地方公共団体職員等」となっています。

そして、ここで驚くべきことは、参加費が無料なだけでなく、なんと参加にあたっての交通費だけでなく宿泊費までもが「当セミナー基準に基づき支給」されるということです。

今日、私たち教員が、様々な研究会や学習会に参加し、研修をしたいといっても、教育委員会や学校の予算も毎年削減されていく中で、交通費や宿泊費どころか、参加費すらもなかなか支給されず、しかたなく自腹を切って参加することも多いご時世で、この「教育職員セミナー」がいかに特異なものであったのかがわかります。

「基礎コース」は、全国九か所のブロックごとに開催され、各会場80名の定員で、全国で720名が参加出来るそうです。日程は二日日程で、一日目は「共通プログラム」としての「原子力・放射線の基礎知識」や「学習指導要領改訂のポイント」の講義と、「原子力・エネルギー教育支援制度」の紹介などの内容、二日目は「対象別プログラム」で小学校や中学校、高校などのコースに分かれて、「実践事例の紹介」、「副読本を使った授業解説」、さらに放射線を視覚的に体験出来る「霧箱」の製作や、簡易放射線測定器「はかるくん」を使った実験などの内容となっています。「応用コース」は、全国の大学の研究施設を利用して原子炉運転の実習等などの体験を通して、原子力や放射線に関してより深い知識の習得と関心に応えられるような構成となって、三日日程の「全国体験コース」と、二日日程の「地域別体験コース」などがあるようです。

○　文部科学省と「原子力ムラ」の業界団体がやっている「プロパガンダ（広報宣伝）」？

この二〇一〇（平成二十二）年度の「原子力・放射線に関する教育職員セミナー」の「基礎コース」の方は、主催は文部科学省だけでなく経済産業省資源エネルギー庁も加わっており、実際の事業の企画・運営は「**公益財団法人日本生産性本部・エネルギー環境教育情報センター**」に委託され、「応用コース」の方は文部科学省単独の主催で、その企画・運営は「**公益財団法人原子力安全研究協会**」に委託されていました。

この事業が委託されている公益財団法人である「日本生産生本部・エネルギー環境教育情報センター」も「原子力安全研究協会」も、その名称から言って、「日本原子力文化振興財団」と同様に、「原子力ムラ」の中にある「業界団体」であり、「プロパガンダ（広報宣伝）団体」であることは間違いないように思われます。

この「原子力・放射線に関する教育職員セミナー」のような「学習機会の提供」という事業だけでなく、この「原子力教育支援事業委託費」によって取り組まれている「副教材の提供」や「課題の提供」といった事業も、ほとんどが、このような「原子力ムラ」の中の「業界団体」である様々な「プロパガンダ団体」に委託されているのです。たとえば、簡易放射線測定器「はかるくん」の貸し出しについては「公益財団法人日本科学技術振興財団」が、インターネットサイト「あとみん」による教育情報の提供や原子力に関するポスターコンクールについては「財団法人日本原子力文化振興財団」が、原子力に関する出前授業等の開催については「財団法人大阪科学技術センター」が、原子力に関する施設の

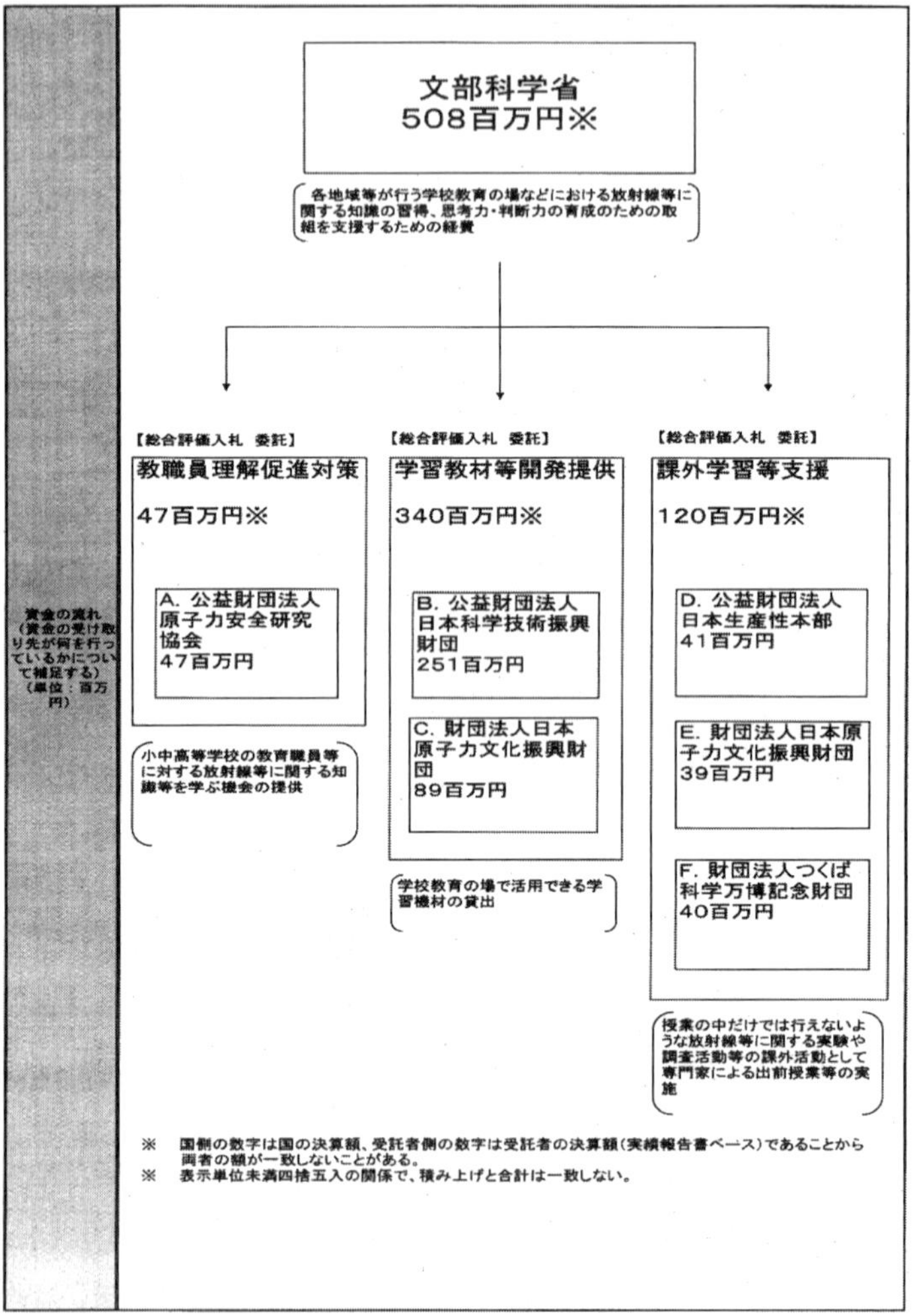
資金の流れ
（資金の受け取り先が何を行っているかについて補足する）
（単位：百万円）
文部科学省
508百万円※
各地域等が行う学校教育の場などにおける放射線等に関する知識の習得、思考力・判断力の育成のための取組を支援するための経費
【総合評価入札　委託】
教職員理解促進対策
47百万円※
A. 公益財団法人
原子力安全研究
協会
47百万円
小中高等学校の教育職員等に対する放射線等に関する知識等を学ぶ機会の提供
【総合評価入札　委託】
学習教材等開発提供
340百万円※
B. 公益財団法人
日本科学技術振興
財団
251百万円
C. 財団法人日本
原子力文化振興財
団
89百万円
学校教育の場で活用できる学習機材の貸出
【総合評価入札　委託】
課外学習等支援
120百万円※
D. 公益財団法人
日本生産性本部
41百万円
E. 財団法人日本原
子力文化振興財団
39百万円
F. 財団法人つくば
科学万博記念財団
40百万円
授業の中だけでは行えないような放射線等に関する実験や調査活動等の課外活動として専門家による出前授業等の実施
※　国側の数字は国の決算額、受託者側の数字は受託者の決算額（実績報告書ベース）であることから両者の額が一致しないことがある。
※　表示単位未満四捨五入の関係で、積み上げと合計は一致しない。

文部科学省の「原子力教育支援事業委託費」の資金の流れ図（「平成24年行政事業レビューシート」（文部科学省）による）

見学等については「財団法人つくば科学万博記念財団」が、それぞれ委託先となっています。

このような文部科学省主催の「原子力・放射線に関する教育職員セミナー」は、そのチラシに、「新学習指導要領で加わった原子力・放射線教育に使える情報が盛りだくさん！」とか「授業ですぐに使える指導方法や教材が入手できます！」というようなキャッチーなコピーを載せて先生方の関心を引き付け、参加費は無料であり、その上交通費・宿泊費も支給されて、セミナーで製作した霧箱はプレゼントとして持ち帰ることも出来ます！　といったように、あの手この手で、学校現場の先生方の参加を促していきます。さらに参加した先生方には、そのセミナーの講義の中で、「副読本」や「はかるくん」の活用についての紹介や、インターネットサイト「あとみん」などによる原子力・放射線教育の情報の紹介、さらには原子力施設やＰＲ館への見学案内などへ「誘導」していくような構成になっているのです。

これはもう、立派な原発や原子力政策についての「プロパガンダ（広報宣伝）」ではないでしょうか。結局、文部科学省の「原子力・エネルギー教育支援事業」というものは、表向きは国の行政機関である文部科学省が主催し、国の予算を使っていながら、その内実は、すべてを「原子力ムラ」の中の「業界団体」である様々な「プロパガンダ団体」にこれを委託させて、学校の教員や児童・生徒たちに対して行っている「プロパガンダ活動」そのものであると言えるのではないでしょうか。

5　学校現場にも流れ込んでいた「原発マネー」

○「原子力・エネルギー教育支援事業」の担当は「原子力課・立地地域対策室」

このような「原子力・エネルギー教育支援事業」という、「教育活動」というよりは、ほとんど「プロパガンダ活動」と言ったほうがよいような事業が、なにゆえに、毎年およそ総額で八億円以上もの予算をかけて、文部科学省の主催で取り組まれるようになったのでしょうか。その謎を解く鍵は、この事業を文部科学省内で担当している部署と、その予算の出所にありました。

二〇〇二年度から始まった、この「原子力・エネルギー教育支援事業」を、文部科学省の内部で担当している部署は、じつは「初等中等教育局」でもなく、「高等教育局」でもなく、なんと文科省の中でも原子力関係の行政事務を担当する「研究開発局」の下部組織である「**原子力課・立地地域対策室**」というところなのです。

文部科学省は、二〇〇一年一月の中央省庁再編の一環として、当時の文部省と科学技術庁が統合して誕生し、両省庁の所掌業務を継承したことによって、それまで科学技術庁が担っていた原子力研究開発に関わる行政事務が、そのまま文部科学省に継承されていきました。現在、文科省内部では、「科学技術・学術政策局」「研究振興局」「研究開発局」の三つの局が、その原子力の研究開発に関わる行政事務を分担しています。

この中の「研究開発局」という所では、原子力の科学技術、核燃料サイクルの研究開発、核融合研究開発などの原子力関連業務について、「開発企画課」「環境エネルギー課」「原子力課」の三つの課が分担しています。

さらに、この「原子力課」には「核燃料サイクル室」「立地地域対策室」「放射性廃棄物企画室」「原子力国際協力室」の四室が置かれており、この中の「立地地域対策室」の分担は「文部科学省関連の研究施設の設置・運転の円滑化」と定められています。

ここで言うところの「文部科学省関連の研究施設」とは、おそらく文部科学省が所掌している「核燃料サイクル」や「放射性廃棄物」に関する研究施設を指しているものと思われます。そのような、いわゆる「原子力関連施設」の「立地地域」の対策にあたるという部署が、なぜ「原子力・エネルギー教育支援事業」を担当しているのでしょうか。

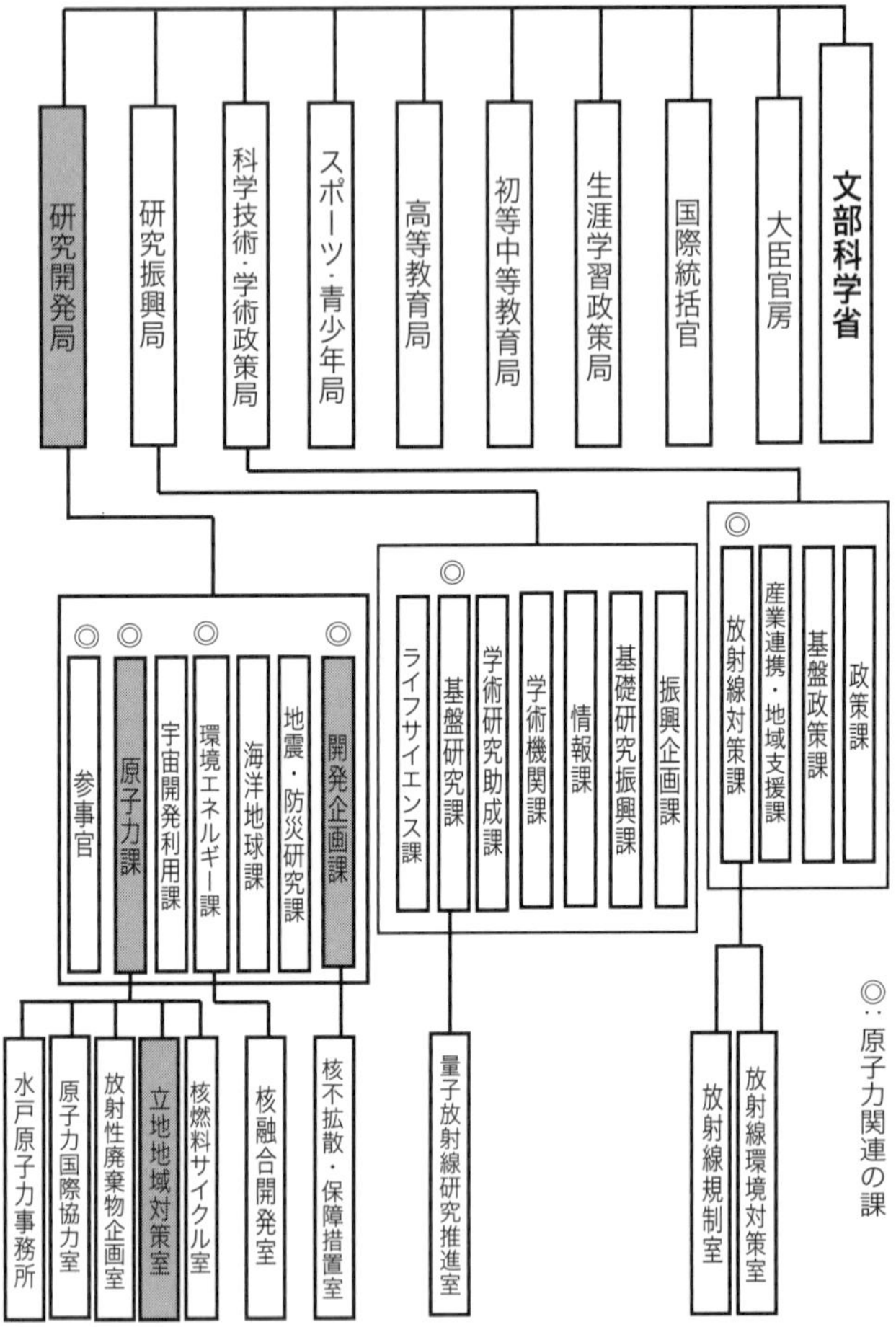

文部科学省の原子力関係の組織図（文部科学省組織令、同組織規則、（電子政府の総合窓口　http://law.e-gov.go.jp/cgi-bin/strsearch.cgi）より作成）

○「原子力・エネルギー教育支援事業」は、原子力関連施設の「立地地域対策事業」

文部科学省における原子力研究開発の行政事務の中で、ここで言われている「立地地域対策」とは、一体どのような仕事なのでしょうか。

原子力発電所などの原子力関連の施設を建設しようと立地計画をした時、ほとんどの場合、その立地予定地域および周辺地域での住民からの反発や反対の声が上がり、場合によっては強力な反対運動が起きることも少なくありません。そこで、このような住民の反発や反対の声を鎮め、原子力関連施設の建設に賛成・協力してもらえるよう、住民に対して様々な「説明」や「説得」を行うことが、原子力行政における「立地地域対策」と言えるのではないかと思われます。

このような原子力行政における「立地地域対策」は、まず原子力関連施設の立地予定地域および周辺地域の住民たちに対して、その原子力および放射能は、「安全・安心」なものであるということを「知らせて、理解してもらう」ように「説明」し、「説得」しようとします。なぜならば、住民たちは、原子力や放射能について、「よく知らない、わかっていない」から、その原子力関連施設が「危険で、恐いもの」であると思い、「反発・反対」

するのであって、住民たちが、原子力や放射能について、しっかりと「知って、理解する」ようになれば、そのような不安や恐怖心は鎮まり、必ずや原子力関連施設の建設を支持し、賛成してくれるようになり、その事業が「円滑」に進むであろうという考え方が、原子力行政の根底にあるからです。

このような原子力行政における「立地地域対策」の基本的な考え方は、先に指摘した『原子力PA方策の考え方』に現れている「原子力ムラ」の人々の基本的な「思考パターン」とまったく同じものであるように思います。つまり、国民の多くは、原発と放射能について「よく知らない・わかっていない」から、いたずらに不安感や恐怖心を抱いたり、悪いイメージを持ったりするのであって、きちんとした知識を「伝えること・教えること」によって、知ってもらい、理解してもらえば、必ずや国民の多くは「安心」して国の「原子力政策」に賛成し、原子力関連施設の建設や運転を受け入れてくれるだろう、という考え方です。

このように考えると、なぜ文科省の「原子力課・立地地域対策室」が、「原子力・エネルギー教育支援事業」を担当するのかが、見えてくるのではないでしょうか。つまり、「原子力・エネルギー教育支援事業」という事業は、この日本全土を「原子力関連施設」の「立地予定地域」と考え、国民という「地域住民」を対象として、原子力や放射能について、これが「安全・安心」なものであることを、しっかりと「知らせて、理解させる」ために、学校教育の現場で、「原子力・エネルギー教育」に取り組んでいくという、まさに「立地地域対策」のための事業なのだということなのです。

○「原子力・エネルギー教育支援事業」の予算は「原発マネー」から

このような「原子力・エネルギー教育支援事業」が、原子力関連施設の「立地地域対策」のための事業であるという理由は、「原子力・エネルギー教育支援事業」の会計予算の出所からも説明することが出来ます。この「教育支援事業」と名づけられている予算は、文部科学省内の「教育事業費」からではなく、なんと「**エネルギー対策特別会計**」、**それも**「**電源開発促進勘定**」**と呼ばれる、いわゆる**「**電源三法**」**に基づく**「**原発マネー**」を、その原資としているのです。

ご存知のように「電源三法」とは、「電源開発促進法」「特別会計に関する法律」「発電用施設周辺地域整備法」の三つの法律で、電源開発（原子力発電所や核施設の建設）が行われる地域に対して補助金を交付し、これによって電源の開発を促進し、運転を円滑に進めることを目的としている法律です。

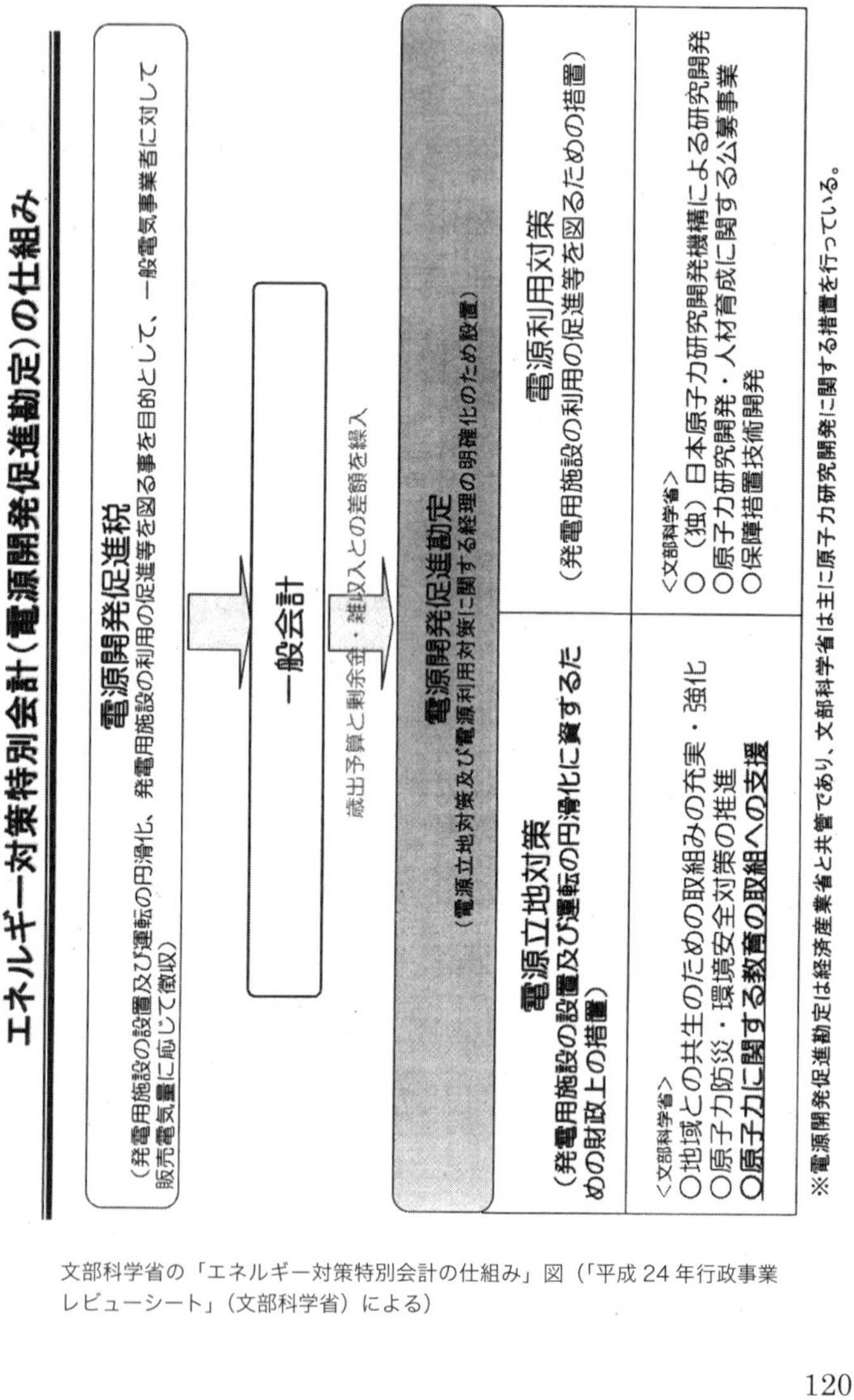
エネルギー対策特別会計（電源開発促進勘定）の仕組み
電源開発促進税
（発電用施設の設置及び運転の円滑化、発電用施設の利用の促進等を図る事を目的として、一般電気事業者に対して販売電気量に応じて徴収）
一般会計
歳出予算と剰余金・雑収入との差額を繰入
電源開発促進勘定
（電源立地対策及び電源利用対策に関する経理の明確化のため設置）
電源立地対策
（発電用施設の設置及び運転の円滑化に資するための財政上の措置）
<文部科学省>
○地域との共生のための取組みの充実・強化
○原子力防災・環境安全対策の推進
○原子力に関する教育の取組への支援
電源利用対策
（発電用施設の利用の促進等を図るための措置）
<文部科学省>
○（独）日本原子力研究開発機構による研究開発
○原子力研究開発・人材育成に関する公募事業
○保障措置技術開発
※電源開発促進勘定は経済産業省と共管であり、文部科学省は主に原子力研究開発に関する措置を行っている。

文部科学省の「エネルギー対策特別会計の仕組み」図（「平成 24 年行政事業レビューシート」（文部科学省）による）

この法律に基づいて電力会社は、その販売電力量に応じて、一定の税金を「電源開発促進税」として国に納めなければなりません。もちろん、この税金の負担は、電力の消費者が電力料金に上乗せされて支払っているものですが、国に納められた税金は、特別会計に組み込まれ、原発や核施設などの立地地域に対しての「交付金」などの財源にあてられていくのです。

原発や核施設などが建設される立地地域には、事故や放射能汚染の危険と不安というデメリットがあり、地元住民の反発や反対が起こるため、国から立地地域への「交付金」というかたちで、電源開発による利益を還元させ、経済的に地域振興を図ることによって、立地地域にメリットを提示し、電源開発を円滑に進めるために「電源三法」は制定されたものであると言われています。わかりやすくいうと、「電源三法」による「原発マネー」を「バラまく」ことによって、原発や各施設の建設予定地となっている地元住民の反発や反対を「鎮めて」、原発や核施設の建設・運転について、地元住民に「理解してもらい」、「支持・賛成してもらう」ための「対策」であるということです。そしておそらく、このような「対策」のことを「立地地域対策」というのでしょう。

このように見ていくと、なぜ文部科学省の事業である「原子力・エネルギー教育支援事業」が、文科省の中の「原子力課・立地地域対策室」の担当であるのか、そしてその予算が、「電源三法」の中の「特別会計に関する法律」を根拠にした「エネルギー対策特別会計（電源開発促進勘定）」からの会計を原資としているのかが明らかになってきます。つまり、「**原子力・エネルギー教育支援事業」というのは、文部科学省においては「教育政策を推進するための事業」ではなく、「原子力政策を推進するための事業**」だということなのです。

文部科学省の内部では、二つの省庁が統合したとはいえ、おそらく現実にはその所掌業務は、今でも大きく「教育行政事務」と「原子力行政事務」とに分かれていて、その予算編成についても、「教育関係予算」と「原子力関係予算」とに分かれて編成されているように思われます。そして、この「原子力・エネルギー教育支援事業」の予算は、もちろん「原子力関係予算」の方に組み入れられているのです。

手元にある「平成23年度文部科学省原子力関係政府予算について」という文書によると、その予算編成のポイントとして、「原子力の推進に必要な取組を着実に推進」するために不可欠な「立地地域との共生・国民の理解増進のための取組」を進めるために、「原子力・エネルギー教育の取組への支援」として、およそ「八億円」もの予算が見積もられているのでした。ちなみに、同じ目的での「地域との共生のための取組」には「百二十七億円」

の予算が見積もられていました。

この年の「文部科学省原子力関係予算」の全体額は二千四百四十一億円ですが、そのうち一般会計からの分が一千九十二億円なのに対して、エネルギー対策特別会計（いわゆる「電源三法」からの収入）からの分は一千三百四十九億円となっており、なんと半分以上が「原発マネー」からのものとなっているのです。そして、この「原子力・エネルギー教育支援事業」は、この「エネルギー対策特別会計」という「原発マネー」が、そのままストレートに配分される予算だったのです。

○「原子力・エネルギー教育」の目的は「原子力政策」の推進だった

以上見てきたように、「原子力・エネルギー教育支援事業」というのは、文部科学省においては「教育政策を推進するための事業」ではなく、「原子力政策を推進するための事業」だということ、そうであるが故に、担当している部署が「原子力課・立地地域対策室」であり、その予算の原資は、「電源三法」による「原発マネー」から出されているということだったのです。

ほとんどの人は、この「原子力・エネルギー教育支援事業」が、文部科学省の事業であるので、当然「原子力・エネルギー教育」という、「教育」を目的とする事業だと思ってしまうのではないでしょうか。しかし、この事業の目的をもう一度よく見てみると、「**学校教育段階から原子力・エネルギーに対する理解推進を図ることにより、国民一人一人が原子力に対する正しい知識や正確な判断能力を身に付けることで、国民との相互理解に基づいた原子力政策の推進を図る**」ものであると、しっかりと明記されているのです。つまり、この事業は、あくまでも「原子力政策の推進を図る」ことが目的なのであって、「学校教育段階」で「原子力・エネルギーに対する理解増進を図る」ことも、「国民一人一人」に「原子力に対する正しい知識や正確な判断能力を身に付けること」も、「原子力政策の推進を図る」という目的達成のためにすることであって、「原子力・エネルギー教育」自体が、この事業の第一義的な目的ではないのです。

　ここで問題なのは、この事業では、「原子力・エネルギー」についての「理解増進」も「正しい知識や正確な判断力を身に付ける」ことも、あくまでも「原子力政策の推進を図る」ために行わなければならないということなのです。したがって、「原子力政策の推進」が「円滑」に進められなくなるような「理解増進」ということはありえず、またそのようになる「知識や判断力」は「正しい」ものではないということになるのです。

やはり、ここにも「原子力ムラ」の基本的な「思考パターン」である、原子力や放射能について「よく知らない、わかっていない」国民に対して、しっかりと「知らせて、理解して」もらえば、必ずや国民は「原子力政策」を支持し、賛成してくれるはずだという考え方があるように思われます。

しかし、「教育」というものは、本来、子どもたちに「正しい真理・真実」を伝え、教えていくものです。学校教育の現場で、原子力や放射能について「正しい知識」を教えて、子どもたちがしっかりと「理解」したとしても、必ずしも子どもたち全員が、今の日本の「原子力政策」について、これを支持するとか、賛成するとかという「判断」をするかどうかはわからないのではないでしょうか。

最初から、今の日本の「原子力政策」について、必ずこれを支持し、賛成するような「知識」と「判断力」を、子どもたちに身に付けさせようというのであれば、それはもう「教育」ではなく、ただの「プロパガンダ（広報宣伝）」だと言えるでしょう。このような「プロパガンダ」を、国の教育行政をつかさどる文部科学省という国家機関が、「原子力ムラ」の中にある「業界団体」に委託して、さらには「電源三法」による「原発マネー」を使って、堂々と学校教育の現場で行っているというのが、「原子力・エネルギー教育支援事業」

の正体なのではないでしょうか。

第三章

「原子力教育」という名のプロパガンダ

1 「原子力ポスター・課題コンクール」という名のプロパガンダ

○ 教師から子ども（児童・生徒）たちを対象（ターゲット）としたプロパガンダへ

一九八〇年代以降、学校現場において、「原発」や「原子力エネルギー」については、「反対の考え」もあれば「賛成の考え」もあるというように政治的に意見が分かれている問題とされることによって、教師たちの中には、できれば授業であまり触れたくない、教えたくないという事柄になってしまったとともに、「放射能」や「放射線」についても、「ゆとり教育」による授業時間の削減、指導内容の精選などから、学校の授業で教えられることが少なくなっていきました。

一方で、原発建設や原子力政策を推進しようとする「原子力ムラ」の人々は、新聞や雑誌・テレビといったマスメディアを通して「原発の安全性・有用性」をプロパガンダ（広報宣伝）していき、それらは、「原子力文化振興財団」のような「業界団体」などが発行する冊子・資料などを通して、学校現場にも入り込んでいったのです。

さらに、二〇〇〇年以降、中央官庁再編にともなって科学技術庁と文部省が文部科学省になると、いわゆる「原発マネー」を原資とした「原子力・エネルギー教育支援事業」が、始まり、さまざまかたちでの、学校現場における教育活動の支援という名のプロパガンダ（広報宣伝）が行われるようになっていったのです。

このような学校現場へのプロパガンダの、最初の対象（ターゲット）は、教師たちでした。まずは、教師たちが「原発」や「放射能」について、正しく知り、正しく理解してもらうことで、子ども・生徒たちに「原発」や「放射能」について、正しく教えられることになると考えたのでしょう。そういった意味で、現場教師に向けての「原子力・放射線に関する教育職員セミナー」については、かなり早い段階から、取り組まれていたのです。

しかし、このような「原子力ムラ」の「強い思い」とは裏腹に、現場の教師たちが、このようなセミナーに積極的に参加したり、送られてくるプロパガンダ・パンフや資料を使って「原子力」や「放射線」の授業に積極的に取り組んだりすることは、きわめて少なかったように思います。それは、やはりそのような「原子力ムラ」からのプロパガンダの「うさんくささ」を感じていたこともあると思いますが、なによりも、先に述べた、「原発」や「放射能」のことを学校の授業で教えることとの「躊躇」や「恐れ」があったからではないかと思います。そこで、ということからなのでしょうか、「原子力ムラ」のプロパガン

文部科学省等が主催する「原子力ポスターコンクール」の募集要項。
左下は、中面にあるポスターづくりの九つの「ヒント」集

ダは、やがて、その対象（ターゲット）を、教師たちだけでなく、直接、子ども（児童・生徒）たちに向けていくようになっていきました。

○「原子力ポスターコンクール」と「課題研究コンクール」

文部科学省の「原子力教育支援事業委託費」の中の事業で、直接的に、小学生・中学生・高校生などの児童・生徒を対象にして取り組まれるのが、「課題の提供」としての支援事業である「原子力ポスターコンクール」や「課題研究コンクール」です。

この「原子力ポスターコンクール」とは、「ポスターという親しみやすい媒体を通じて、次世代層を中心に、原子力や放射線についての理解と認識を深めること」を目的として、文部科学省と経済産業省の共催によって実施されるもので、「原子力発電や放射線に関すること」をテーマにして、小・中学生を中心に作品を募集し、優秀な作品には「文部大臣賞」や「経済産業大臣賞」などが与えられるというものです。また、上位入賞作品はポスターとして印刷され、学校や都道府県、原子力ＰＲ館、科学館等に掲出されることになっており、二〇一〇年度では全体で六千点以上の応募があったそうです。

ちなみに、二〇〇九年度の「文部大臣賞」と「経済産業大臣賞」のポスターに書き込ま

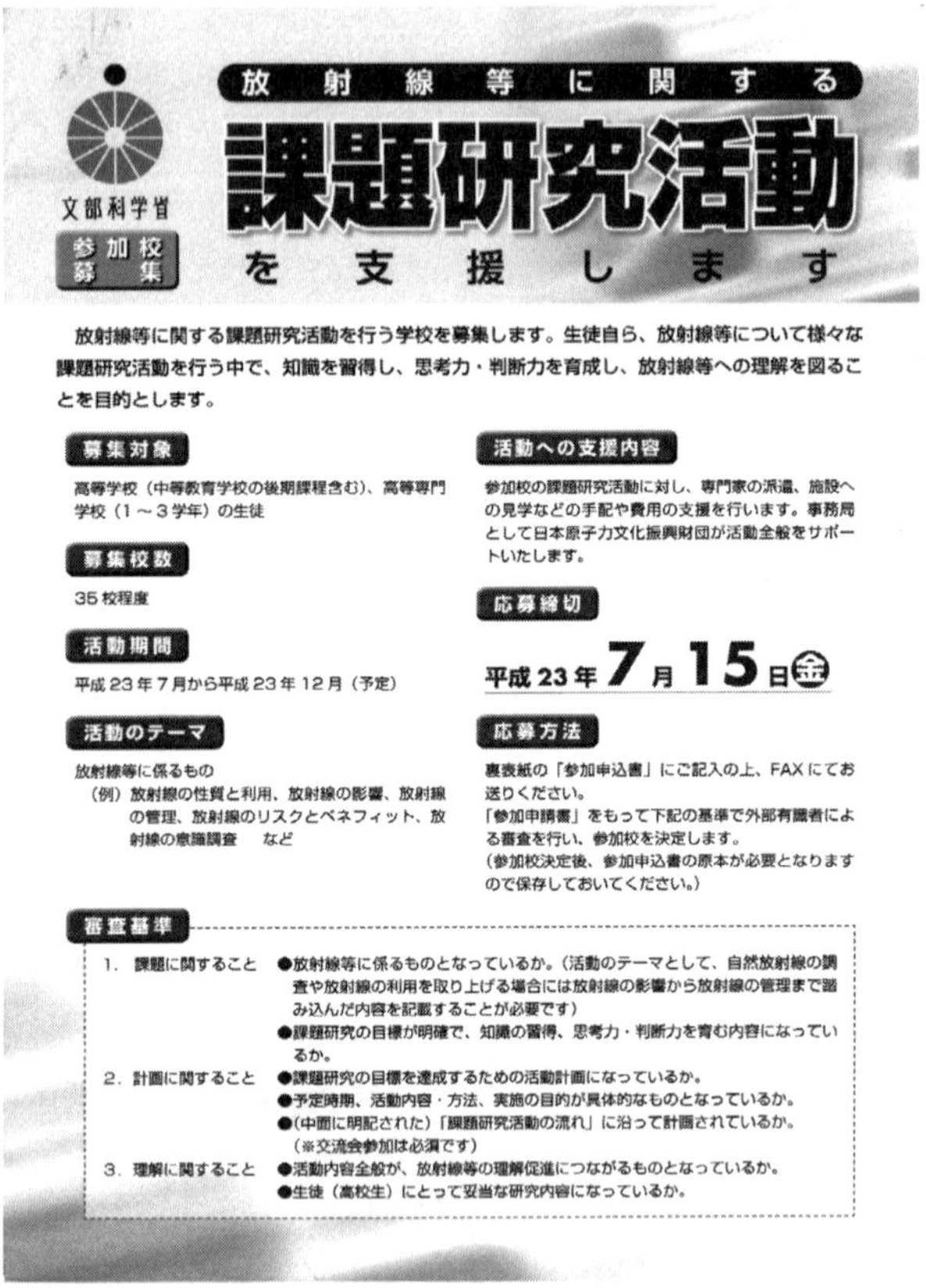

文部科学省

参加校募集

放射線等に関する

課題研究活動

を支援します

放射線等に関する課題研究活動を行う学校を募集します。生徒自ら、放射線等について様々な課題研究活動を行う中で、知識を習得し、思考力・判断力を育成し、放射線等への理解を図ることを目的とします。

募集対象

高等学校（中等教育学校の後期課程含む）、高等専門学校（1～3学年）の生徒

募集校数

35校程度

活動期間

平成23年7月から平成23年12月（予定）

活動のテーマ

放射線等に係るもの

（例）放射線の性質と利用、放射線の影響、放射線の管理、放射線のリスクとベネフィット、放射線の意識調査　など

活動への支援内容

参加校の課題研究活動に対し、専門家の派遣、施設への見学などの手配や費用の支援を行います。事務局として日本原子力文化振興財団が活動全般をサポートいたします。

応募締切

平成23年7月15日㊎

応募方法

裏表紙の「参加申込書」にご記入の上、FAXにてお送りください。

「参加申請書」をもって下記の基準で外部有識者による審査を行い、参加校を決定します。

（参加校決定後、参加申込書の原本が必要となりますので保存しておいてください。）

審査基準

1．課題に関すること
- ●放射線等に係るものとなっているか。（活動のテーマとして、自然放射線の調査や放射線の利用を取り上げる場合には放射線の影響から放射線の管理まで踏み込んだ内容を記載することが必要です）
- ●課題研究の目標が明確で、知識の習得、思考力・判断力を育む内容になっているか。

2．計画に関すること
- ●課題研究の目標を達成するための活動計画になっているか。
- ●予定時期、活動内容・方法、実施の目的が具体的なものとなっているか。
- ●（中面に明記された）「課題研究活動の流れ」に沿って計画されているか。（※交流会参加は必須です）

3．理解に関すること
- ●活動内容全般が、放射線等の理解促進につながるものとなっているか。
- ●生徒（高校生）にとって妥当な研究内容になっているか。

文部科学省が主催する平成23年度の「課題研究活動」の募集要項

れていたキャッチコピーは、それぞれ、「ぼくたちのみらいをはこぶ原子力」と「地球を温暖化から守る・きれいなエネルギー原子力」でした。おそらく、他の入賞作品も、いや、ほとんどの応募作品の絵の内容もキャッチコピーも、原子力や放射線についての肯定的内容のものであると思われます。なぜなら、このポスターコンクールの応募要項には、参考となる「ヒント」が事前に用意されていて、たとえば「大切な電気をつくる原子力発電」とか、「地球にやさしい原子力発電」とか、「リサイクルできるウラン燃料」というように、すべてが原発や放射線についての肯定的内容となっている九つのヒントが、そこに掲載されていました。

「課題研究コンクール」の方は、おもに高校や高等専門学校の生徒を対象にしたもので、文部科学省が主体となって、二〇一〇年度に初めて実施されました。初年度の実施目的を見ていると、「原子力を含めたエネルギーについて理解を深めることが重要であり、次世代を担う高校生を対象に、原子力を含めたエネルギーに関する課題研究及び成果の発表等を実施する場を提供し、正しい知識と正確な判断能力を身に付けること」を目的とするとなっています。課題研究のテーマは原子力や放射線など「原子力を含めたエネルギーに関するもの」となっていますが、文科省が示している例では、「核燃料サイクル、高速増殖炉、プルサーマル、放射線の性質と利用、放射性廃棄物」などが上げられています。

実施過程としては、七月までに参加校を全国から募集し、七月中に最終的な参加校が決定され、八月から十月までの期間に各校での課題研究を進めていき、途中で全国規模での交流会や地域での発表会を経た上で、最終的に「課題研究ニュース（壁新聞）」として制作したものを提出し、審査されることになります。審査の結果、最優秀校には「文部大臣賞」が贈られ、優秀校8校は十二月に東京で開催される課題研究発表会に参加し、その研究成果の発表（プレゼンテーション）を行うことが出来ます。

ちなみに、二〇一〇年度に全国から参加した33校のうち、最優秀校として「文部科学大臣賞」を受けたU高校は、高速増殖炉もんじゅ、原子力発電所、大学の原子力研究所、火力発電所、揚水発電所などの施設を十箇所以上見学し、その結果を壁新聞にまとめて発表しています。その結論としては、「電源のベストミックスを支持する」というもので、原子力発電と揚水発電、場合によっては火力発電を組み合わせることで、最も効率的な発電が出来るとしています。そして、中でも「クリーンで」「燃料コストも安く」「ウランは安定供給され」「重要なベース供給力」を持つ「原子力発電」を最も高く評価しています。

優秀校に選ばれた他の二つの学校の壁新聞の見出しを見ても、「原子力の新世界、プルサーマル遂に始動！」とか、「原子力とともに生きる」とか、「原子力は技術を生む。原子力発電の新たな可能性を探る」という文字が並んでいます。他の参加校のすべての壁新聞を見たわけではありませんが、おそらく、ほとんど全ての学校の壁新聞が原子力や放射線についての肯定的な内容や結論のものになっていることは間違いないものと思われます。

○「肯定的」な判断しか認められない「原子力ポスター・課題研究コンクール」

この「原子力ポスターコンクール」も「課題研究コンクール」も、小中高の児童・生徒たちに、「原子力や放射線についての理解と認識を深めること」「正しい知識と正確な判断能力を身に付けること」を目的としているとされています。しかし、結果として最優秀賞や優秀賞に選ばれた作品や壁新聞を見てみると、ほとんど全てが原子力や放射線に対して肯定的な内容になっているように思われます。これがはたして、児童・生徒たちが、原子力や放射線について、「正確な知識」を身に付け、「正確な判断」をしていることになるのでしょうか。

もし児童や生徒たちが、原子力や放射線について「正確な知識」を身に付けたとしても、場合によっては、それが「危険なものである」とか「デメリットも多い」というような否定的な内容のポスターや壁新聞を作製するという「判断」をする可能性もあると思います。

しかし、そのような否定的な内容のポスターや壁新聞は、最優秀賞や優秀賞に選ばれることは、まず無いでしょう。そもそも、そのような作品が最終的に提出されることは、きわめて少ないのではないかと考えられます。なぜなら、たとえば「ポスターコンクール」の場合だと、応募要項に、ポスター作製のための原子力と放射線について肯定的な内容の「九つのヒント」が提示されており、ポスターを作製しようとする小学生・中学生は、当然これらの「ヒント」を参考にして、原子力や放射線についての肯定的な内容のポスターを作製するだろうからです。

また、「課題研究コンクール」においても同様で、おそらく参加申し込みの申請書の段階で、原子力や放射線について否定的あるいは懐疑的な内容の課題研究を進めようとすれば、最初から参加校として選ばれないでしょうし、たとえ参加校として選ばれても、課題研究活動をすすめていくプロセスでは専門家の派遣や施設見学が位置づけられており、また全国的な交流会などを通して、おそらく原子力や放射線についての肯定的な内容の知識や情報が、繰り返し与えられていくことが予想されます。頭のいい生徒であればあるほど、ここでの原子力や放射線についての肯定的な考え方の文脈を読み取って、それに従った研究を進め、壁新聞を作っていくものと思われます。

つまり、ここでは「原子力ポスターコンクール」や「課題研究コンクール」に参加することによって、原子力と放射線の正しい知識を身に付けていくことだけでなく、原子力や放射線について、自然と「肯定的な方向」に向かって「評価・判断」するように導かれていく「**思考の誘導**」があるように思われます。児童・生徒たちが、原子力と放射線についての「正しい知識」を学び、身に付けた後に、彼らが本当に「主体的」に思考したのであれば、「肯定的な評価・判断」を下すかも知れませんし、場合によっては「否定的な評価・判断」を下すかもしれません。

しかし、この「原子力ポスターコンクール」と「課題研究コンクール」では、児童・生徒たちが、原子力と放射線について「主体的」に思考して、「肯定・否定」のどちらかの判断を選択するということは、ほとんど「想定」されておらず、最初から「肯定的な評価・判断」をする方向へ「誘導」されるようになっているのです。したがって、ここでは、原子力と放射能に対しての「正しい理解・判断」とは、イコール「肯定的な評価・判断」ということになっているように思われるのです。

○ プロパガンダ（広報宣伝）としての「原子力ポスターコンクール・課題研究コンクール」

このように見ていくと、文科省主催の「原子力ポスターコンクール」と「課題研究コンクール」は、教育活動というよりは、むしろプロパガンダと言ったほうがよいのではないでしょうか。プロパガンダというのは、「広報宣伝」という意味ですが、このプロパガンダが「教育」と違うところは、必ずしも「正しい知識・事実・真実」を伝えなくともよいというところです。プロパガンダは「宣伝」ですので、それを見たり聞いたりした人たちが、ある特定の判断や行動を取るように「誘導」することが目的となります。たとえば、ある自動車会社（A社とします）が、自分の会社の車を販売するためのプロパガンダ（広報宣伝）をするとしたら、当然、それを見たり聞いたりした人たちが、自分の会社の車に興味を持ち、購入するという判断や行動を取るように「誘導」しようとするはずです。A社、B社、C社、D社と、いろいろな自動車会社の車が販売されている中で、特にA社の車を選び、購入したいと思うように消費者の思考や判断を「誘導」することがプロパガンダなのです。

また、プロパガンダ（広報宣伝）は、必ずしも、その目的について、ストレートに言ったり、表現したりはしません。目的は「A社の車を買ってほしい」ということであっても、広告やCMでは、そのことをストレートに言うことはなく、むしろ様々な表現やイメージ、キャッチコピーなどによって、消費者を「その気にさせる・買う気にさせる」という「**嗜好（思考）の誘導**」**を行うのがプロパガンダ**なのです。

そういった意味で考えると、この「原子力ポスターコンクール」も「課題研究コンクール」も、小・中・高の児童・生徒たちに、原子力と放射線についての正しい知識を身に付けさせるためというよりも、むしろ「原子力と放射線は安全・安心」だから、「国の原子力政策に賛成して、これを受け入れましょう」という「肯定的な評価・判断」を、児童・生徒たちに「選択」してもらうことを目的として実施していると言えるのではないでしょうか。そして、それは、まさにこれまで「原子力ムラ」の中の様々な「業界（プロパガンダ）団体」が、マスメディアを使ってやってきたり、学校にパンフや資料を送りつけたりして行ってきたプロパガンダ（広報宣伝）と同じようなものなのではないでしょうか。

ちなみに、この文部科学省主催の「原子力ポスターコンクール」も「課題研究コンクール」も、その第一回目から、実際の企画・運営を、文科省から委託されているのは、あの「**日本原子力文化振興財団**」なのです。さらに言うと、この「原子力ポスターコンクール」と「課題研究コンクール」という企画の原型（オリジナル）になっているのは、この「日本原子力文化振興財団」が、その設立当初である一九七〇年代から企画運営していた、「原子力の日記念」の「小学生ポスターコンクール」や「中学生作文・高校生小論文コンクール」だったのです。

2　学校現場から消えた児童・生徒向け「原子力副読本」

○ 文部科学省制作の「原子力副読本 〝わくわく〟と〝チャレンジ〟」

この文部科学省の「原子力・エネルギー教育支援事業」が、「教育」を支援する事業というより、むしろ、国の「原子力政策」のプロパガンダ（広報宣伝）であるという性格は、「原子力ポスターコンクール」や「課題研究コンクール」の取り組みに端的に現れていましたが、それが最も典型的に、かつ露骨に現れていたのは児童・生徒向けの「**原子力とエネルギーに関する副読本**」の制作と配布ではないかと思われます。これは、この支援事業の中の「副教材等の提供」という分野での事業の一つとして、二〇一〇年度に、文部科学省と経済産業省が、共同で、児童・生徒向けの「原子力とエネルギーに関する副読本」を制作し、全国の小学校・中学校及び教育委員会に配布したというものです。

「副読本」というのは、「教科書」とは違って、必ずしも学校の授業で使用しなければならないというものではなく、あくまでも教師の指導の「補助」や「参考」として活用して下さいという程度のものなのです。しかし、「教科書」のように、教科書会社が制作して、文部科学省が検定するというものとは違って、「副読本」は、基本的に文部科学省自身が直接、制作に関わるというもので、過去には有名な『心のノート』という名称の「副読本」が制作されました。これまでも経財産業省や旧科学技術庁などが、「原子力関係」の「パンフ・資料」を制作して、学校に配布したことがあるようですが、文部科学省自身が直接的に「原子力関係」についての、このような児童・生徒向けの「副読本」を作成・配布するというのは、初めてのことだったようです。

学校現場において、教師が指導する教育内容について、文部科学省は、旧文部省時代から、ほぼ十年に一度行われる「学習指導要領の改訂」を通しての「介入」を繰り返してきましたが、『心のノート』のように、文部科学省自身が「副読本」を制作して、直接、学校の児童・生徒に配布するということは、きわめて異例なことでした。それと同様に、このような児童・生徒向けの「原子力副読本」というものを文部科学省自身が制作して、学校に直接配布するということも、きわめて異例なことであったと思います。

文部科学省と経済産業省資源エネルギー庁が配布した小学生向け
副読本『わくわく原子力ランド』の表紙

「原子力に関する副読本の制作について」という文部科学省の文書によると、この「副読本」は、児童・生徒たちが「原子力やエネルギーについて、学び、自ら考え、判断する力を育成する」ために、「小・中学校における原子力やエネルギーに関する指導の一助としていただく」ことを目的とすると書いてありました。その種類としては、小学生向け副読本である『**わくわく原子力ランド**』（児童用と教師用解説書）と、中学生向け副読本である『**チャレンジ！ 原子力ワールド**』（生徒用と教師用解説書）があって、さらにそれぞれの「副読本」にあわせた「ワークシート」まで別に制作するという力の入れようでした。

これらを文部科学省は、二〇一〇年二月に、全国の小・中学校及び教育委員会などに、計三万部を配布して、新学習指導要領が本格的に実施される二〇一一年四月から、小・中学校の現場で教材として使用してもらうことを予定していました。しかし、その直前の三月、福島第一原子力発電所の事故後、突然その使用計画は中止となり、そして、いつのまにか学校現場から「回収」されてしまっていたのです。

また、これらの「副読本」のデータは、すべて文部科学省のホームページにも公開されていて、誰でも自由に閲覧やダウンロードすることが出来ましたが、これも福島での原発事故後に、突然、全面的に削除されたそうです。文部科学省は、その削除の理由として、「津波・地震・安全対策・放射線などの記述に誤りがあり、新たな教材を制作するため」としていました。さらに、この新たな教材（新副読本）については、「現在修正中であり、できるだけ早く再配布すると」いうことでしたが、その年の十月には、小・中・高向けの「新副読本（放射線副読本）」が発表されたのでした。

○「原子力ムラ」作成のパンフ・資料の「集大成」としての「原子力副読本」

私自身、この児童・生徒向けの「原子力副読本」については、高等学校に勤務しているということもあって、これが文部科学省によって制作されていたことも、さらには全国の小・中学校に配布されていたということも、福島での原発事故が起こる前までは、まったく知りませんでした。福島での原発事故の後しばらく経ってから、たしか、インターネットからの情報を通じて、このような「原子力副読本」の存在を知ったのですが、その時には、すでに文部科学省のホームページから、この「原子力副読本」のデータは削除されていました。なんとか原物を手に入れたいと思って、知り合いの小・中学校の先生に問い合わせてみたり、あるいは小・中学校の先生方相手の「原発出前授業」の際に、参加された先生方に、「皆さんの学校には、ありませんか？」と聞いてみたのですが、すでに学校現場からは回収されていたのか、どこにもありませんでした。

ところが、ある時「原発出前授業」の会場で、「先生、僕はそのデータを持っていますよ。先生も、簡単に手に入れる事が出来ますよ」と教えてくれた小学校の先生がいました。その先生によれば、「国立国会図書館」のデジタル・アーカイブスから、インターネットを通して、誰でも簡単にダウンロード出来るということでした。さっそく、学校のインターネットから「国立国会図書館」にアクセスしてみると、簡単に、この「原子力副読本」のデータをダウンロードすることが出来ました。すぐに、学校でプリントアウトしたのですが、教師用解説編は、なんと70ページ以上もあるために、職員室のプリンターがしばらく止まらず、ちょっと慌てましたが、まあ誰かに何か言われても「文部科学省発行の文書を印刷中ですので…」と答えればよいだろうと思いました。

学校のプリンターでは白黒印刷でしたが、実物はオールカラー印刷で、イラストや写真、図版をふんだんに、そして効果的に使っており、レイアウトにも工夫があり、とても見やすく読みやすい作りになっていました。その「原子力副読本」のタイトルも、小学生版は『わくわく原子力ランド』、中学生版は『チャレンジ！　原子力ワールド』と、子どもたちへの親しみやすさを工夫したのでしょうが、福島での原発事故が起こった後では、むしろ

『びくびく原子力ランド』とか、『パニック！　原子力ワールド』のほうがふさわしいように思われます。

小学生版には、今はやりの「ゆるキャラ」のような「原発」をイメージしたと思われる可愛いロボットのキャラクターと、「御茶ノ水博士」のような科学者のキャラクターのイラストが、全編に登場してきますが、これも、原発事故の後では、とっても不気味に見えますし、とりわけこの科学者は「御用学者」そのものの姿に見えます。

内容の方を見てみると、小学生版では、パート①「電気と原子力発電について調べてみよう」、パート②「原子力についてもっと調べてみよう」となっており、中学生版では、チャレンジ①「日本と世界のエネルギー事情を知ろう」、チャレンジ②「いろいろな発電方法の特徴を知ろう」、チャレンジ③「原子の世界を探ろう」、チャレンジ④「放射能の世界を探ろう」、チャレンジ⑤原子力発電のしくみと特徴を知ろう、チャレンジ⑥「原子力発電の今とこれからを知ろう」、そして最後に「学習したことをまとめて討議しよう」となっています。「電気」のことから「地球温暖化」のことまで、エネルギー問題について、かなり幅広い内容について詳しく触れられていますが、やはり、その中心的な内容は「原子力発電」についての事柄となっています。

これらの内容を、小・中学校では「社会、理科、技術・家庭」などの教科や「総合的な学習の時間」などで活用出来るように、教師用解説編には、具体的な授業展開の例、学習のねらいや指導上のポイントなども詳細に書かれてあり、授業用のワークシートまで付いていて、現場教師がそのまま教室の授業で使えるマニュアル的なものになっています。ある意味で、これまで「原子力ムラ」の様々な「業界（プロパガンダ）団体」や経済産業省、旧科学技術庁などが制作してきた数多くの原発や放射能についての「プロパガンダ・パンフ」や「資料」の「集大成」ともいえるような、私から見ても、とても「出来がいい」ものであったように思われます。

○ なぜ「原子力副読本」は学校現場から「消えた」のか？

このように、文部科学省が、新学習指導要領の本格実施に合わせて、異例ともいうべき労力とお金を注いで制作し、全国の小・中学校に配布した児童・生徒向け「原子力副読本」だったのですが、福島での原発事故が起きたことによって、ほとんど活用されることもなく、学校現場から「消えて」しまいました。一体なぜ、「原子力副読本」は、学校現場から「消えて」しまったのでしょうか？

二〇一一年の四月十五日、当時の高木義明文部科学大臣は、この「原子力副読本」について、「**事実と反した記載がある**」として、その内容の見直しと回収について発表しました。また、文部科学省も、この副読本の「**記述に誤り**」があるということで、「修正」して「再配布」すると言っていました。つまり、この「原子力副読本」の内容には、「事実と反した記載」があったり、「記述に誤り」があるために、見直しと回収がはかられ、学校現場から一斉に「消える」ことになったのです。では、一体、この「原子力副読本」の内容の、どこに「事実と反した記載」があり、「記述の誤り」があったのでしょうか？

それは、おそらく「原子力発電所の安全対策」について説明するページに書かれていた内容のことを指しているのだと思います。小学生向けの『わくわく原子力ランド』には、「原子力発電所の安全を守る工夫」というページがあって、そこには、「**原子力発電所では、放射性物質が外にもれないよう、五重のかべでしっかりととじこめています。また、まちがった操作や装置に異常があっても、原子炉の運転が自動で止まるように設計されています。もし異常が発生しても事故にならないよう緊急に運転を停止したり、原子炉を冷やしたりするしくみがあります**」、という記述がありました。

しかし、福島第一原子力発電所で起きた事故によって、たしかに原子炉は自動で止まったのですが、その後、全ての電源を喪失し、原子炉を冷やすことが出来なくなり、メルトダウンとともに発生した水素ガスが、圧力容器からも、格納容器からも漏れ出てしまいました。さらに、原子炉建屋が爆発して、大量の放射性物質が大気中に放出されてしまいました。結局、三重の安全装置も、五重の壁も、原子力発電所の安全を守ることが出来なかったのです。

また、中学生向けの『チャレンジ！　原子力ワールド』には、「地震対策のポイント」というページがあって、そこには、「**原子力発電所は、一般の建物とちがって、表層地盤を掘り下げて、十分な支持性能を持つしっかりとした地盤の上に直接建てることにしています**」とか、「**大きな津波が遠くからおそってきたとしても、発電所の機能がそこなわれないよう設計しています。さらに、これらの設計は「想定されることよりもさらに十分な余裕を持つ」ようになされています**」とも書かれていました。

しかし、福島第一原子力発電所の津波対策で講じられていた「防ちょう堤」の高さは5・5 mでしたが、実際に襲ってきた津波の高さは13 mを超えていたと言われています。外部電源を失った時に、自動的に作動するはずだった非常用発電機は、タービン建屋の地下に設置されていたために、この巨大津波をかぶって浸水し、使用不可能になってしまいました。

また、小学生向け『わくわく』にも、中学生向け『チャレンジ！』にも、原発事故が発生した時に、「すばやく対応できるように、情報を集めたり、対策を話し合うため」の「オフサイトセンター」という緊急時に司令塔本部となる施設について記述されていますが、福島第一原子力発電所の事故の際には、その位置があまりにも原発に近すぎたうえ、放射性物質へのシールドも不完全であり、また停電によって、ほとんどの機器が使えなかったり、情報が混乱して本来集まるべきメンバーが集まらなかったりと、まったくその役割・機能を果たすことが出来ませんでした。

以上、見てきたように、この「原子力副読本」では、原発の安全対策について、何重もの安全装置や多重防護、さらには設計や建設段階からの様々な安全対策によって、「どんな地震や津波が来ても大丈夫です！　安全です！」というようなことが書かれていたのですが、今回の福島第一原子力発電所の事故によって、そのほとんどが「ウソ」であることがバレてしまいました。さすがに、文部科学省は、このような「事実と反した記載」、「誤った記述」という「ウソ」が書かれている「原子力副読本」をそのままにしておくことが出来ず、慌てて回収をし、ホームページからも削除したのだと思われます。

3　「原子力副読本」という名の「プロパガンダ・パンフ」

○「原子力副読本」に仕掛けられたプロパガンダの「ワナ」

この文部科学省が作成、配布した児童・生徒向け「原子力副読本」の問題は、原発は「どんな地震や津波が来ても大丈夫です！　安全です！」というような「ウソ」が書かれていたということだけではありません。この「原子力副読本」の全編にわたって、いかに「原子力」が、他のエネルギーに比べて、優れたエネルギーであるかを子どもたちに「正しく理解」させるための、プロパガンダ（広報宣伝）の「ワナ」が、いたるところに仕掛けられていたのです。

小学生版の『わくわく原子力ランド』の中では、電気をつくるための発電のしくみとして原子力発電や火力発電、水力や太陽光などの自然エネルギーを利用した発電方法などが紹介され、そして、それぞれの発電のしくみや長所、短所などについて説明がなされています。ここで注目すべきなのは、「**長所と短所の両論併記**」**という記述のしかた**です。たとえば、水力や風力、太陽光、地熱などの自然（再生可能）エネルギーを利用した発電の方法については、それぞれの長所として「自然エネルギーを利用するので、資源がなくなる心配がいりません」とか「電気を作るときに二酸化炭素を出しません」ということがあげられていますが、一方で、その短所としては「風がないと発電できません」とか、「太陽が照っていないと発電量が少なくなります」とか、「たくさん発電するには広い面積が必要です」というようなことがあげられています。

それぞれのエネルギーの長所と短所という両論を提示しているので、一見「公平・中立」のように見えるのですが、このページの最後のところでは、「御用学者」らしき博士のキャラクターが、「これらの自然エネルギーは天候に左右されたり、発電設備をつくることができる場所が限られているなどの難点があるんじゃよ。そのためエネルギー全体の中でしめる割合はまだひくいんじゃ」という「まとめ的な発言」をしている部分が、とても強調されています。ここでは明らかに、自然エネルギーについて、その長所と短所の両方を提示しながら、最終的には短所の方を強調して、「原子力発電」の方のメリットに目を向けさせて、子どもたちの「思考」を「誘導」させるようなプロパガンダの「ワナ」が仕掛けられているように思われます。

○　怖い顔の「火力発電所」と優しい顔の「原子力発電所」

そのような、子どもたちへの「思考の誘導」が、もっと露骨に現れているのは、「火力発電」と「原子力発電」の、それぞれの長所と短所を上げて比較するというページです。「火力発電」については、その長所として「発電量が調節できる」「熱を発電に変える効率が高い」などが、短所としては「地球温暖化の原因となる二酸化炭素が排出される」「石油、石炭などの大量の燃料が必要」などがあげられています。一方、「原子力発電」については、その長所として、「発電時に二酸化炭素が発生しない」「少ない量の燃料で大きなエネルギーが出る」などが、短所としては「使い終わった燃料から放射性廃棄物が発生する」「燃料となるウランの量には限りがある」などがあげられています。

この部分だけでは、それぞれの長所と短所の両方を提示しているので、一見「公平・中立」な表現のように見えますが、問題は、「これからも電気を使いつづけるために」というページの、イラストによる解説のところです。「**火力発電所**」**のほうのイラストは、つり目で怖い表情で描かれているのに対して、**「**原子力発電所**」**のほうのイラストは、優しい目の柔和な表情で描かれている**のです。さらに、「火力発電所」の煙突から出される二酸化炭素が黒い煙で描かれている（実際には色はない）のに対して、「原子力発電所」の方は「発電時に二酸化炭素が出ない」と書かれているのです。「火力発電所」には、大量の石炭のようなものが、ゴロゴロとベルトコンベアで運ばれているように描かれているのに対して、「原子力発電所」の方は小さなトラックが少ない量の燃料を運んでいるように描かれています。そして、使い終わったウラン燃料は、小さな点のように描かれ、そこから矢印で「リサイクルできます」と表示されているのです。

明らかに、ここでは、「火力発電」の「短所」については「大げさ」に描かれて、「原子力発電」の「長所」については「強調」されるように描かれているのです。教師用の解説編では、「指導上のポイント」として「火力発電と原子力発電の比較から、今後どちらの発電方法が増えるとよいか考えさせる」と書いてありますが、一方で、「学習のねらい」として「世界では、原子力発電を積極的に導入しようとする国が増えていることを理解する」と書かれており、これからは「原子力発電だ」という方向に、子どもたちの「思考」を「誘導」しようとしていることは明らかではないでしょうか。

○ 子どもたちの「意欲・関心・態度」まで「誘導」される？

小学生版『わくわく原子力ランド』の最後の方には、「学習したことをまとめて発表し

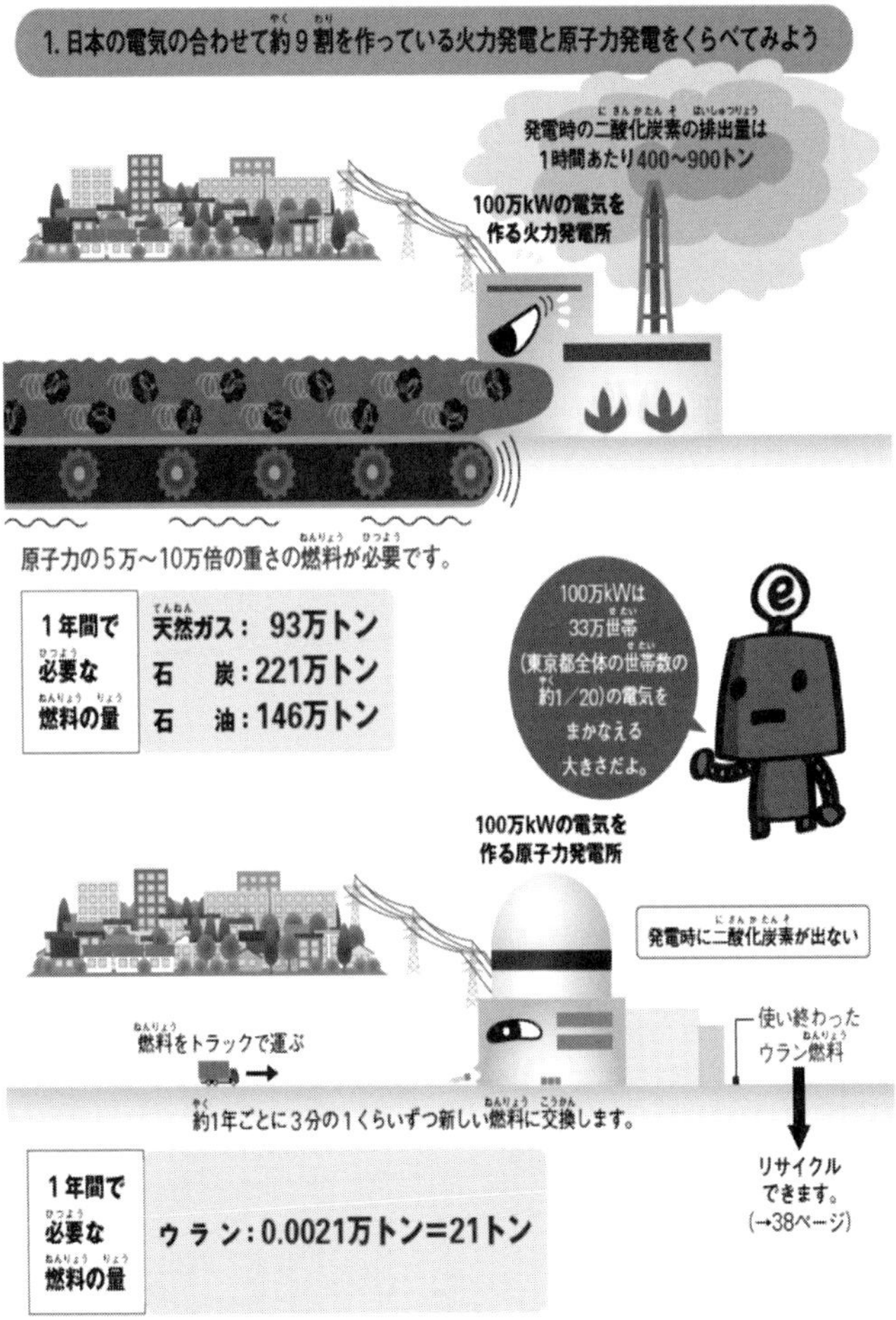
1. 日本の電気の合わせて約《やく》9割《わり》を作っている火力発電と原子力発電をくらべてみよう
発電時の二酸化炭素《にさんかたんそ》の排出量《はいしゅつりょう》は
1時間あたり400～900トン
100万kWの電気を
作る火力発電所
原子力の5万～10万倍の重さの燃料《ねんりょう》が必要《ひつよう》です。
1年間で
必要《ひつよう》な
燃料《ねんりょう》の量《りょう》
天然《てんねん》ガス：　93万トン
石　　炭：221万トン
石　　油：146万トン
100万kWは
33万世帯《せたい》
(東京都全体の世帯《せたい》数の
約《やく》1／20)の電気を
まかなえる
大きさだよ。
100万kWの電気を
作る原子力発電所
発電時に二酸化炭素《にさんかたんそ》が出ない
燃料《ねんりょう》をトラックで運ぶ
使い終わった
ウラン燃料《ねんりょう》
約《やく》1年ごとに3分の1くらいずつ新しい燃料《ねんりょう》に交換《こうかん》します。
リサイクル
できます。
(→38ページ)
1年間で
必要《ひつよう》な
燃料《ねんりょう》の量《りょう》
ウ ラ ン：0.0021万トン=21トン

小学生版の『わくわく原子力ランド』に所載されている、怖い顔の「火力発電所」と優しい顔の「原子力発電所」

よう」というページがあります。これは、これまでにこの副読本から学んできた原子力・エネルギーについて、学習したことに基づいてA４一枚程度の「レポート」を書かせるというものです。子どもたちが、ただ原子力やエネルギーを学習して、率直に感じたこと、思ったことをそのまま書かせるのではなく、そこには「学習したことのまとめ方の例」という「ヒント」があって、たとえば「原子力発電のことを学習してわかったことや感じたこと」というテーマには、「原子力発電で作られた電気が全体の約３割もあるなんて知らなかった」とか、「原子力発電は事故が心配だけど、いろいろな対策がとられていることがわかった」というような、あきらかに「原子力発電」の有用性や安全性の方に、子どもたちの「思考」を「誘導」するような、まとめ方の「ヒント」が提示されているのです。

さらには、「未来のエネルギーについて考えたこと」というテーマには、「二〇五〇年（今から約40年後）、私たちが使う電気は何でつくるのがいいのかな？」という「ヒント」がありますが、純粋にこの部分だけ見れば、いろいろな答えが考えられると思われるのですが、この「原子力副読本」を最初から順番に「正しく」学習してきた者ならば、ほとんど迷わずに「原子力発電」と答えるようになるでしょう。子どもたちが、そのような「作文」を書くような「思考の誘導」が、この「副読本」のあちこちに、ワナのように仕掛けられているのは、これまでも見てきたとおりです。

ちなみに、中学生版『チャレンジ！　原子力ワールド』の「ワークシート」には、「エネルギークイズ」というコーナーがあり、そこで「正しいと思われる問題」として、「二〇三〇年に日本で一番多い発電量となる見通しがある発電方法は？」という質問があったそうです。そして、その教師用解説編には、その正解として、ずばり「原子力発電」ということが明記されていたということです。

この「原子力副読本」の意義・目的には、子どもたちが「原子力やエネルギーについて学び、自ら考え、判断する力を育成することが大切です」ということが明記されていましたが、ここに書いてある「自ら考え、判断する力」というのは、けっして子どもたちが本当の意味で「主体的に考え、判断する」ということではないようです。この「原子力副読本」を学習していくことによって、原子力と放射能ついて「正しく知り、理解」していけば、かならずや「原子力政策」について、これを支持し、賛成していくようになるという、最初から決まっている「結論」に向けての「思考の誘導」が、巧妙に仕掛けられているのです。

この「原子力副読本」によって「誘導」されるのは、子どもたちの「思考」だけではありません。子どもたちの「意欲・関心・態度」までが「誘導」されていくのです。教師用解説編には、子どもたちに「レポート」を書かせた後の、教師の側からの指導として、「レポートなどのまとめ以外にも、作文、ポスター、新聞、工作、音楽、劇など多様な成果の発表の方法がある」という指導のポイントが上げられ、その「学習のねらい」として「エネルギーや原子力をテーマとしたさまざまなコンクールなどに積極的に参加しようとする意欲をもつ」ということが書かれているのです。

そして、その後のページには、例の「原子力ポスターコンクール」の入賞作品が掲載され、さらに「各種コンクールの紹介」として、文部科学省や経済産業省主催の各種コンクールや「日本原子力文化振興財団」が主催する「作文コンクール」への応募が進められているのでした。この「原子力副読本」は、こうやって教師が解説編を使って指導していくことによって、子どもたちの「思考」だけでなく、「意欲・関心・態度」までが、「原子力政策の推進」を支持する方向へと、巧みに「誘導」されていくように作られていたのです。

○「原子力副読本」を制作したのは「日本生産性本部」

ここまで見てきただけでも、この文部科学省が作成し、配布した児童・生徒向けの「原子力副読本」が、原子力やエネルギーについて、正しい知識・事実・真実を小学生・中学生たちに教えるための「副読本」であるというよりは、むしろ国や「原子力ムラ」の人々が、今後も「原子力政策」を推し進めていくために、「原子力は重大事故や放射能漏れなどの可能性はなく、安全・クリーンで最も優れたエネルギーである」ということを、あらゆるテクニックを使って、小学生・中学生たちに思い込ませようと、「思考」を「誘導」するための「プロパガンダ・パンフ」であることは間違いないでしょう。そういった意味でも、この「原子力副読本」は、これまで様々な「原子力団体」が作成、配布してきた数多くの「原子力・放射能」についての「プロパガンダ・パンフ」の、「集大成」的なものであると言っていいでしょう。

ちなみに、この「原子力副読本」は文部科学省と経済産業省・資源エネルギー庁の発行となっていますが、実際にこの「副読本」を委託されて制作したのは、「**公益財団法人日本生産性本部・エネルギー環境教育情報センター**」というところで、二〇〇九年に約三千万円で文部科学省から受託したそうです。おそらく、この「団体」も間違いなく「原子力ムラ」の「業界（プロパガンダ）団体」の一つであるところのように思われます。「副読本」の奥付には、この「副読本」の「企画制作委員会」として13名の方々の名前が列記されています。委員長は京都教育大学の山下宏文教授で、以下メンバーには大学教授や文科省の調査官、小学校や中学校の教諭という方々もいますが、その中には「電気事業連合会広報部長」であるとか、「日本原子力研究開発機構執行役・広報部長」という、いわゆる「原子力ムラ」のメンバーと思われる肩書きの方もいます。また、写真提供・協力のところには、「財団法人日本原子力文化振興財団」であるとか、「東京電力」「日本原燃」という、これまた「原子力ムラ」の有力団体の名前が見られます。

そもそも、この「原子力副読本」を作成した「エネルギー環境教育情報センター」なる団体を傘下に持つ、「**日本生産性本部**」とは、一体いかなる組織なのでしょうか。ホームページを見てみると、「社会経済システムの解決のための国民的な合意形成につとめると共に、国民経済の生産性の向上を図り、日本経済の発展、国民生活の向上及び国際社会への貢献に寄与すること」を目的として、「社会経済システム及び生産性に関する調査研究・情報の収集及び普及・啓発・研究会・セミナーの開催等の事業を行っている公益財団法人で、一九五五年に設立された」と書かれています。現在の会長は牛尾治朗ウシオ電機会長が務め、評議員には、かつての東京電力の勝俣恒久会長も名前を連ねていたことがありました。いわば大企業中心の財界系シンクタンクともいうべき団体だと思われます。

○　財界系「プロパガンダ団体」が作成した「プロパガンダ・パンフ」？

設立当初からアメリカ的な独占資本主義による生産性向上と労使協調路線の影響を強く受けたと言われる「日本生産生本部」は、言ってみれば、そのような「独占資本主義イデオロギー」を、広く企業経営者や労働者に広めるための財界系「プロパガンダ団体」であると言えるでしょう。そのような「生産性思想」ともいうべき「イデオロギー」を広く流布するために、様々な研修会やセミナーの開催、企業経営者や労務管理者、労組役員向けのコンサルティング活動などに取り組んでいることが、現在の「日本生産性本部」のホームページを見るだけでよくわかります。

「日本生産性本部」は、このような研修会やセミナーの開催、コンサルティング活動だけでなく、政府や官庁からも数多くの委託事業をまかされており、有名なのは九州電力が「やらせメール事件」を起こした玄海原発に関するケーブルテレビの番組は、その企画・運営を資源エネルギー庁から委託されたものだったそうです。この他にも、二〇〇八年度には原発関連報道をチェックするメディア監視事業も二千三百九十四万円で受注するなど、毎年のように経済産業省や文部科学省から原子力関連の広報・公聴事業を億単位で請け負ってきたところです。

その「日本生産性本部」の中の「エネルギー環境教育情報センター」とは、一九八四年に設立以来、そのような原子力関連の広報事業を一手に引き受けて、原子力や放射能関係の様々な「プロパガンダ・パンフ」や「資料」を作成したり、教師用の「エネルギー教育ハンドブック」をまとめたり、セミナーや出前授業を開催してきたところなのです。そういった意味では、この「日本生産性本部・エネルギー環境教育情報センター」というのは、「原子力ムラ」の中枢というより、日本の財界の中枢に位置する、「プロパガンダ団体」であったと言えるでしょう。そのような財界系「プロパガンダ団体」が、おそらく総力を挙げて取り組み、制作したのが、この「原子力副読本」という名の「プロパガンダ・パンフ」だったのです。

しかし、この「原子力副読本」は、今回の福島での原発事故によって、学校現場で本格的に活用される前に回収され、学校現場から「消えて」しまったのです。そして、この「原子力副読本」を文部科学省からの委託を受けて制作した「エネルギー環境教育情報センター」もまた、なんと二〇一二年の三月末日をもって、「日本生産生本部」の事業としては廃止されることが、突然発表されたのでした。その理由としては、「年度替わりの組織改編のため」とだけしか説明がなかったそうです。

4　全ての児童・生徒に配布しようとした「放射線副読本」

○　学校に送り付けられてきた「放射線副読本」

福島での原発事故が起こって、ほぼ一年後である二〇一二年三月の中旬頃、朝学校の職員玄関に入ったら、玄関の中に何箱ものダンボールが積み上がっており、その時そばにいた数人の先生方が、一斉に私の方を見て、「これ先生が頼んだの？」と聞いてきました。どうやらダンボールに貼ってあるラベルに「放射線」という文字があったので、いつもあちこちで「原発と放射能の出前授業」をやっている私が、どこかに注文したものではないかと思われたのでしょう。しかし、それを注文したのは私ではなく、一方的に学校に送りつけてきたのは文部科学省だったのです。ダンボールの中身は、文部科学省が発行した生徒向け「**放射線副読本**」で、なんと全校生徒分の冊数を、いっきにどんと学校に送りつけてきたのです。もちろん、これは私の学校だけでなく、北海道、いや日本全国の、全ての小学校・中学校・高等学校に、その全校生徒分の冊数を送りつけてきたのだと思われます。

福島での原発事故によって回収を余儀なくされた文部科学省発行の児童・生徒向け「原

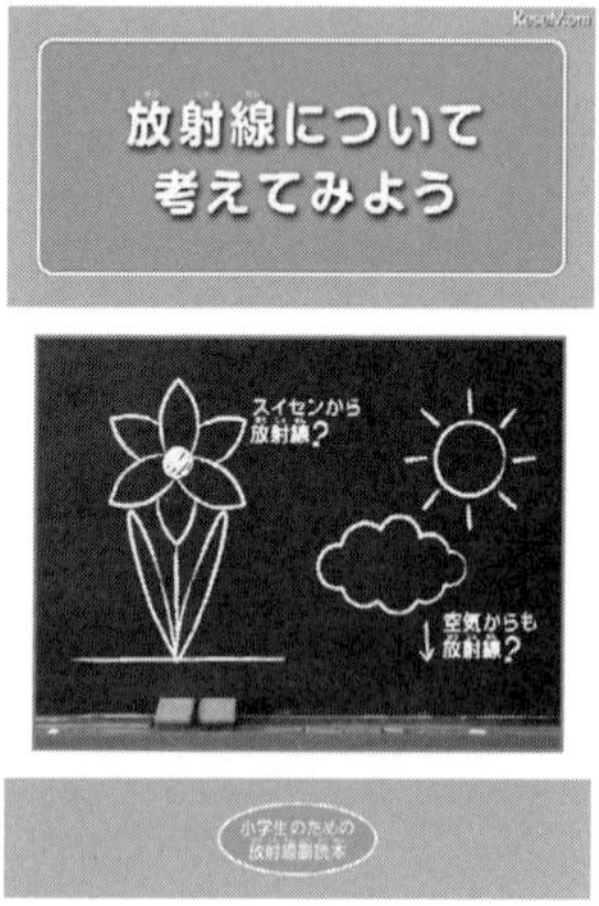

文部科学省が発行した放射線の副読本の表紙（右上から、高校版、中学校版、小学校版）

子力副読本」が、ホームページからも削除された時に、文部科学省は、その削除の理由として、「津波・地震・安全対策・放射線などの記述に誤りがあり、新たな教材を制作するため」としていました。そして、この新たな教材（新副読本）については、「現在修正中であり、できるだけ早く再配布する」ということだったのですが、二〇一一年の十月になって、文部科学省は、この「新副読本（放射線副読本）」の発行について発表しました。前回の「原子力副読本」が小学校版と中学校版だけだったのに対して、今回の「放射線副読本」は高校版も加わり、それぞれに教師用解説書もついていました。前回の「原子力副読本」と同様に、全ページがカラー印刷で、イラスト・図版・写真も満載ですが、前回は小学校版でも40ページ以上あったのが、今回はその半分の20ページほどしかありませんでした。小学生版は『**放射線について考えてみよう**』、中学校版は『**知ることから始めよう放射線のいろいろ**』、高校版は『**知っておきたい放射線のこと**』と、タイトルはいろいろですが、その構成と内容は、小・中・高というレベルの違いがありますが、だいたいどれも似たようなものになっています。

　その内容についてなのですが、今回、これほど大きな「原発事故」が福島で起きたにもかかわらず、その「原発事故」についての記述は、「はじめに」のところに、たった一回出てくるだけで、後は「原発」についても、「事故」についても、いっさい触れられることも説明されることもなく、全編「放射線」についてのみの内容になっています。文部科学省が、この「放射線副読本」の発行について発表した後に、そのデータについては、ホームページ上にもすぐにアップされて、だれでもダウンロードが出来るようになりましたが、その内容が一般に知れ渡るにつれて、様々な所から問題点が指摘され、批判されるようになりました。その問題点についいは、後で詳しく説明したいと思いますが、このような批判に対して文部科学省は、今回は「現場からの要望で、副読本を作りました。文科省の意向が入らないように、外部の有識者に委託しました」と回答しているようです。

しかし、実際には、この「新副読本」は、すでに原発事故の以前から、文部科学省内部では計画がすすんでいたようで、外部団体への委託の入札も行われており、ちょうど震災直前である三月九日に、あの「**日本原子力文化振興財団**」が二千百万円で落札をしていたのです。原発事故の後、「原子力副読本」が回収されたことによって、「新副読本」は、その内容が全面的に見直されたと言うものの、入札のやり直しはなく、その年の七月に事業費が三千七百万円に増額されて、「日本原子力文化振興財団」に、そのまま制作が委託されたのです。この時、文部科学省の担当者は、事故後も委託先を変更しない理由について、

「放射線の知見は変わらない」とし、また同財団も「副読本の内容に影響はない」とのコメントをしたそうです。

つまり、この「放射線副読本」は、今回の福島での原発事故が起きたことによって、前回の「原子力副読本」に様々な問題や誤りがあることが明らかになったので、その修正版、改訂版として発行したわけではなく、福島の原発事故とは関係なく、最初から「放射線」についての新しい児童・生徒向けの「副読本」を、文部科学省の発行というかたちで、「日本原子力文化振興財団」に委託して制作することになっており、その基本的なコンセプトは、原発事故後も変わらないということだったようです。今さら言うまでもないと思いますが、この「放射線副読本」の基本的なコンセプトとは、「原子力ムラ」の中の「業界（プロパガンダ）団体」による、「放射線」についての「プロパガンダ・パンフ」を制作して、それを児童・生徒たちに直接配布するということだと思います。

さすがに、文部科学省も少々後ろめたかったのか、前回の「原子力副読本」には堂々と「日本生産性本部」の制作とクレジットされていたのに対して、今回の「放射線副読本」には、どこにも「日本原子力文化振興財団」の制作とはクレジットされていませんでした。文部科学省は、「外部に委託」したので、「文科省の意向は入らないようにした」と言い訳していましたが、結局、「原子力ムラ」の「業界（プロパガンダ）団体」に委託したのでは、相変わらず「原子力ムラ」の「意向」がストレートに入ってしまうことになるのではないでしょうか。このように、原発事故が起きた後にもかかわらず、相変わらず「原子力ムラ」関連の「業界（プロパガンダ）団体」に制作を委託することについての問題性を指摘されて、当時の中川正春文部科学大臣も、その年の十二月九日に、「本来であれば、電力業界ともつながりが深い団体に対して委託をするということについては、見直す必要があった」と釈明せざるを得ませんでした。

○「ウソ」も書いていないが、「本当のこと」も書いていない「放射線副読本」

この「放射線副読本」の内容の様々な問題点については、これまでにいろいろな所から数多くの指摘がなされ、インターネット上に公開されていたり、本として出版されているものもあります。一つ一つの問題点についての詳細については、そちらの方をご参照頂くことにして、私としては、この「放射線副読本」の持つその「本質的な性格」と、その「隠された意図」について考えてみたいと思います。

文部科学省は、この児童・生徒向けの「放射線副読本」の作成について、その目的として「東京電力福島第一原発の事故により、放射線や放射性物質、放射能に対する関心が高まって」いるので、「国民一人一人が放射線等についての理解を深めることが社会生活上重要であり、小学校・中学校・高等学校の段階から、子どもたちの発達に応じ、放射線等について学び、自ら考え、判断する力を育成することが大切であると考え」て、「学校教育における指導の一助として使用」してもらうために副読本を作成したと言っています。つまり、この「放射線副読本」によって、子どもたちに、「放射線について学び、理解を深めることで、自ら考え、判断する力を育成すること」が、その目的であるとしているのですが、はたして、本当にそのようなものになっているのでしょうか。

小・中・高のそれぞれのバージョンにざっと目を通しただけでも、この文部科学省が作成したといわれる「放射線副読本」は、これまで電力会社や旧科学技術庁、「原子力ムラ」の様々な「業界（プロパガンダ）団体」が数多く作成してきた「放射能パンフ・資料」と、その体裁も構成も内容も、ほとんど変わっていないように思えます。使われている写真やイラスト、図版まで、まったく同じものが使われているところもあります。**基本的には、**①「**放射線はどこにでもあります**（**宇宙からも、地面からも**）」、②「**放射線は色々と活用されています**（**X線とか、滅菌とか**）」の**二つのポイントを強調**することによって、「放射線は安全です、安心です」ということを、子どもたちに、しっかりと「理解を深めて」もらうための「プロパガンダ・パンフ」であるという「本質的な性格」は、これまでの「放射能パンフ・資料」と、ほとんど変わっていないように思われます。

しかし、前回の「原子力副読本」で失敗した教訓からなのか、今回の「放射線副読本」には、基本的に「ウソ」はあまり書いてないように思います。けれども、同時に、今回の「放射線副読本」には、「本当のこと」もあまり書いてはいないのです。

福島での原発事故の時に、当時の枝野幸男官房長官が、記者会見の場で、放射性物質の拡散による住民の健康被害について聞かれた時に、「ただちに健康に影響はありません」と答えたのは有名な話ですが、この答弁は、その時の放射線量であれば、「急性の放射線障害」のような「確定的影響」は考えられないというように、「ウソは言っていない」のですが、もしかすると「がんや白血病、不妊症」といった「晩発性の放射線障害」のような「確率的影響」があるかもしれないという「本当のこと」は言っていないのです。このような「ウソは言っていないが、本当のことも言っていない」という話し方を、私は「枝野話法」と呼んでいますが、まさに文部科学省が作成したといわれる「放射線副読本」は、この「枝野話法」のように、**「ウソは（あまり）書いていないが、本当のことも（あまり）**

書いていない」のです。

○　100ミリシーベルト以下の放射線を受けても大丈夫なの？

そのような意味で、今回の「放射線副読本」の最大のポイントは、小学生版の11〜12ページ「放射線を受けると、どうなるの？」のところにある、「**一度に100ミリシーベルト以下の放射線を人体が受けた場合、放射線だけを原因としてがんなどの病気になったという明確な証拠はありません**」という文章だと思います。

この複雑な表現の文章は、小学生版の「本文」の中にあるもので、けっして「注」や「教師用解説編」の文章ではないのです。はたして、これを一読して、その意味をきちんと理解出来る小学生はいるのでしょうか？　おそらく、大人でも、これを読んできちんと理解出来る人は、それほど多くは無いと思われます。

一般的に、蓄積で100ミリシーベルト以上の放射線を人体に受けた場合、がんによる死亡率は約0・5％上昇するといわれていますが、100ミリシーベルト以下の、いわゆる「低線量被ばく」による人体への影響については、完全には解明されてはいません。したがって、この「放射線副読本」の「がんなどの病気になったという明確な証拠はありません」というのは、たしかに「ウソ」ではありませんが、疫学的調査で有意な結果が出ないことが、実際に人体になんの影響もないということを意味するわけではありません。

世界的にも、国際放射線防護委員会（ＩＣＲＰ）をはじめとして、多くの医学組織が、１００ミリシーベルト以下の低線量でも被ばくとリスクは比例すると仮定した「**しきい値なし（ＬＮＴ）モデル**」を支持しており、「**低線量でも被ばくしただけリスクが増加する」という考え方は、国際的にも広く合意されている**ものです。

しかし、「放射線副読本」では、このような１００ミリシーベルト以下の低線量でも「被ばくしただけリスクが増加する」という、国際的にも広く認められている「本当のこと」を書くことはなく、「明確な証拠がない」ということだけを明記して強調しています。けれども、「明確な証拠がない」ということを書いているだけで、けっして「がんにならない」とか「リスクが全くない」というようなことは書いていないのです。まさに、「ウソは書いていないが、本当のことも書いていない」のです。

このような、一読しても、ほとんどその意味を正確に理解することが出来ないような文章を小学生に読ませることに、一体どのような意味があるのでしょうか。もしかすると、多くの小学生は（いや中学生、高校生、そして大人でも）、この「がんなどの病気になったという明確な証拠はありません」という文章を、「がんなどの病気になることはありません」というように「誤解」してしまうのではないでしょうか。もちろん、これは「誤読」です。しかし、ちょっと穿った見方かもしれませんが、私には、この文章を読んだ人が、あえてそのように「誤解・誤読」してもらうことを期待して、わざとこのような判りにくい文章にしているとしか思えないのです。

○ 全ての児童・生徒たちに配布しようとしたことの「隠された意図」

この文部科学省が作成したと言われる「放射線副読本」が、前回の「原子力副読本」とも、そして、これまで作成された全ての「原発・放射能パンフ」とも違っているのは、日本全国の全ての小学校・中学校・高等学校の、全ての児童・生徒たちに配布されようとしたということです。前回の「原子力副読本」の場合は、全ての小学校・中学校にそれぞれ1〜2部ずつだったのですが、今回は、高等学校も含めて、全ての児童・生徒に配布しようとしたのですから、その力の入れようは異例と言えます。それも、チラシ1枚のようなものではなく、上質紙・カラー印刷で20ページもある冊子を、日本の全ての児童・生徒分印刷し、それを日本の全ての学校にダンボールに詰めて発送したのですから、一体どれほどの経費がかけられたのでしょうか。確認はしていませんが、おそらくこの膨大な経費もまた、例の「エネルギー特別会計」という名の「電源三法」による「原発マネー」が使われている可能性が高いと思います。

他県の事情はよくわかっていませんが、私が住んでいる北海道では、二〇一二年の三月中に、道内のほぼ全ての小学校・中学校・高等学校に、すべて児童・生徒分の「放射性副読本」がダンボール詰めにされて送り付けられてきたようです。送り付けられてきた「放射性副読本」を、全校児童・生徒に配布するかどうかは、北海道では、それぞれの学校の管理職の判断にまかされていたようで、学校によっては、まったく配らなかった所もあったり、すぐに、そのままクラス人数分が担任に渡されて、帰りの学活（ＳＨＲ）で児童・生徒に配られた所もあったようです。

おそらく、そのまま配った学校でも、ほとんどの管理職や教師たちが、この「放射線副読本」の中身をきちんと読んで、どのような目的を持った「副読本」であるかということをきちんと理解した上で配布したということではなく、ただ文部科学省から送られてきたものだからということだけで児童・生徒たちに配布したのではないでしょうか。そして、おそらく、それを受け取った、ほとんどの児童・生徒たちも、この「放射線副読本」に目を通すこともなく、ただカバンの中に入れて家庭に持って帰り、そのまま親に手渡したのではないでしょうか。そして、福島での原発事故以降、「放射能」の危険性に不安を感じ、関心を抱いていた多くの母親たちの手に、この「放射性副読本」が渡ったのではないでしょうか。多分、この「放射性副読本」に関心を持って、すみからすみまで目を通し、熱心に読んだのは、そのような母親たちだったのだと思われます。そして、その母親たちは、わが子にこう聞いたことでしょう、「この放射能のパンフレット、どうしたの？」。

「このパンフレットのこと？　これは、学校で、帰りの学活（ＳＨＲ）の時に、担任の先生が配ってくれたんだよ」

このような子どもたちの一言によって、多くの母親たちは、この「放射線副読本」が、たんなる、その辺の街角で配っているようなパンフレットのようなものではなく、「学校」で「担任の先生」が直接にわが子に配ってくれるような「重要な文書」であり、けっして「ウソ・偽り」が書いてあるような「怪しい文書」ではないと信用してしまうのではないでしょうか。

もしかすると、今回の「放射線副読本」の作成・配布した人たちの「本当の目的」は、この「放射線副読本」が、福島での原発事故の後、「放射能」の危険性に不安を感じ、関心を抱いている多くの母親たちの手に渡って、目に触れ、読んでもらうことだったのかもしれません。そして、多くの母親たちが、この「放射線副読本」を読むことによって、「放射線」が「どこにでもあり・いろいろと活用されて」いて、「安全・安心」なものであると感じてもらい、「100ミリシーベルト以下の放射線を浴びてもがんにはならない」と「誤解・誤読」してくれることを「期待」しているのではないでしょうか。そして、多くの母親たちに、この「放射線副読本」に書いてある内容と主張について、まったく疑いをもつことなく、そのまま信じ込ませてしまうような「信用の効果」を、この「放射性副読本」を、なにも考えずに子どもたちに直接配布してしまった「学校」と「担任の先生」が、与えてしまっているのではないでしょうか。

5 「原子力教育」から「放射線教育」へ

○「原子力教育支援事業」から「放射線教育支援事業」への衣装変え

二〇〇二年から始まった文部科学省の「原子力・エネルギー教育支援事業」は、その事業を担当しているのが「原子力課・立地地域対策室」であり、その予算の原資は「エネルギー対策特別会計」という、いわゆる「電源三法」に基づく「原子力マネー」であるという、まさに国の「原子力政策」を推し進めるための、「教育現場」における「プロパガンダ（広報宣伝）事業」そのものであったのですが、二〇一一年の福島での原発事故によって、その状況は大きく変わってしまいました。

国の「原子力・エネルギー政策」そのものが、大きく見直される中で、私自身は、当然、この「原子力・エネルギー教育支援事業」も見直しがはかられ、廃止されていくのではないかと思っていたのですが、なんと、二〇一二年度以降も、その支援事業を、今度は「放射線等」の内容に絞り込んで特定化し、予算規模もほぼそのままで継続することになったのです。その理由としては、「二〇一一年三月の福島での原発事故によって、放射性物質の放出による各所への影響があり、国民の中に放射線等に対する不安・関心が高まってきていることに対応するためである」とされたのです。

その目的についても、これまでは「学校教育段階から原子力・エネルギーに対する理解増進を図る事により、国民一人一人が原子力に対する正しい理解や正確な判断能力を身に付けることで、国民との相互理解に基づいた原子力政策の推進をはかる」ということだったのですが、「原発事故という特別な状況に対し、適切に対応していくためには、まず、

「東京電力㈱福島第一原子力発電所の事故を踏まえた事業の見直し」図（「平成 24 年行政事業レビューシート」（文部科学省）による）

放射線等の基礎的な性質について理解を深めることが重要であり、特に困難な事態を克服し、将来を担わなければならない子どもたちにおいては、放射線や放射能、放射性物質について学び、自ら考え、判断する力を育むことが大切」ということからも、引き続き学校教育の場においても、**「特に関心の高い放射線等に関する教育への支援」**をしていくことになったとされたのです。

そして、これまでこの支援事業の中で取り組んできた、①教育職員セミナーの開催、②出前授業等の開催、③課題研究活動の支援、④学習用機器の貸し出し、⑤副読本の作成・提供などについては、全てを「放射線等に関する内容のもの」に特定化して、それぞれ予算規模の多少の増減はあっても、今後とも継続して取り組んでいくことになりました。ただし、前年度まで取り組んでいた、①「原子力ポスターコンクール」の開催、②展示物の巡回等、③教育情報の提供（原子力教育情報サイト〝あとみん〟）などについては、それぞれ予算措置はなくなり、廃止されることになりました。これによって、**それまでの「原子力・エネルギー教育支援事業」は、事業内容の形態も、予算規模もほぼそのままで、実質的に「放射線教育支援事業」へと衣装変えをした**のです。

○以前から準備・計画されていた「放射線教育」

このように、文部科学省においては、福島での原発事故の後、「原子力教育」から「放射線教育」へと、学校現場への教育支援（プロパガンダ？）の方向性は、大きくシフトチェンジしたように見えます。しかし、このような「放射線教育」への支援の全面展開は、福島での原発事故をきっかけとして、突然に始まったわけではなく、「放射線副読本」の委託先の入札先が「日本原子力文化振興財団」になることが、すでに三月九日に決まっていたように、じつは原発事故の前から、着々と準備が進んでいたのでした。その最大の理由は、**二〇一三年から本格実施される新学習指導要領において、中学理科の指導内容の中に、「放射線」に関する内容が盛り込まれ、三十年ぶりに学校教育における「放射線教育」が復活する**ということだったのです。

それまで、「原子力ムラ」は、学校現場に対しては、文部科学省に圧力をかけ、「教科書検定」で教科書を書き換えさせたり、様々な「プロパガンダ・パンフ」を直接学校に送りつけたりして、「原子力教育」を押し付けようとしてきました。しかし、学校教育での指導内容そのものに関わる「学習指導要領」には、なかなか直接的に「介入」はできませんでした。その「念願」が、ようやくかなったのが、今回の「学習指導要領」の改訂による、三十年ぶりの「放射線教育」の復活だったのです。

しかし、せっかく改訂された「学習指導要領」に「放射線」に関する内容が盛り込まれたとしても、それを指導する現職教師の多くが、この「放射線」について、それをしっかりと学んだこともなければ、実際に教えたという経験もないという状況がありました。そこで、「原子力ムラ」では、すでに二〇〇一年度から文部科学省主催で「エネルギー・環境・放射線セミナー」という名称での、現場教師向けの研修会を、全国各地で開催していました。さらに、二〇〇二年度からの「原子力・エネルギー教育支援事業」という「原発マネー」を原資とした文部科学省の事業によって、「放射線」に関するセミナー・研修会の開催だけでなく、講師派遣や出前授業、簡易放射線測定器の貸し出し、教材や指導案、授業実践などを紹介するHPサイトの開設などによって、このような「放射線教育」を教育現場に浸透させていこうとしていたのです。

そういった意味で、「放射線副読本」の作成と配布は、そのような一連の「放射線教育」の学校現場への浸透の、最後の「仕上げ」であり、これによって二〇一三年からの「学習指導要領」に基づく「放射線教育」本格実施に向けての準備は、しっかりと「完成」するはずだったのです。それは、同時に、「原子力ムラ」と文部科学省による「原子力政策」を、強力に推進するための「原子力教育」の、最後の「仕上げ」でもあり「完成」でもあったはずなのです。しかし、まさに、その直前に、あの福島での原発事故が起きてしまったのです。

このことによって、「原子力ムラ」と文部科学省による「原子力政策」を推進するための「原子力教育」の当初の目論見は、あえなく崩れ去っていったかのように思えました、しかし、転んでもタダではおきないのが「原子力ムラ」です。「原子力教育」という表向きの衣装を、今度は「放射線教育」という衣装に着替えて、その事業形態も予算規模もほぼそのまままで、そして、その目的である「原子力政策」の推進ということも、ほぼそのままでやっていこうというのが、今、文部科学省で本格的に取り組まれようとしている「放射線教育」なのです。つまり、福島での原発事故があったから、その対応のために「放射線教育」に本格的に取り組み始めたというのではなく、これまでやってきた「原子力教育」の、最後の「仕上げ・完成」のために以前より周到に準備・計画されていた「放射線教育」を、ある意味では「予定どおり」、そして今回の原発事故をきっかけにして、より前面に押し出して、本格的に取り組もうというのが、この「放射線教育」なのです。

○「NPO法人放射線教育フォーラム」の主張

今、文部科学省によって、これまでの「原子力教育」に代って、本格的に取り組まれようとしている「放射線教育」とは、一体どのようなもので、何を目的としているのでしょうか。それを知る手がかりをさぐるために、すでに二十年ちかくも以前から、この「放射線教育」の学校現場への浸透に取り組んでいる「NPO法人放射線教育フォーラム」という民間団体（？）の活動を見ていきたいと思います。

この「NPO法人放射線教育フォーラム」は、放射線、放射能、原子力の専門家、学校教育関係者の有志により、一九九四年に設立され、二〇〇〇年にNPO法人の認証を受けたボランタリー組織で、エネルギー・環境および放射線・原子力の正しい知識を普及させることを目的として活動しているとされていますが、発足時の初代会長（現在は名誉会長）は、元文部大臣であり、科学技術庁長官でもあった有馬朗人氏であることから、ある意味で「お里」がはっきりとしていて、その性格がわかりやすい団体でもあります。

この「放射線教育フォーラム」の設立を、最初に呼びかけて立ち上げ、初代の事務局長（現在は理事長）である松浦辰男氏は、元立教大学の教授であり、放射線化学・原子炉化学を専門としていたそうです。長年、大学での学生たちに対する「放射線教育」に関わる中で、日本の小・中・高での「放射線」についての教育に課題が多いことを感じ、大学を退職後、日本の小・中・高での「放射線教育」の充実をめざすために、このフォーラムの設立を思い立ったということです。この松浦辰男氏の主張は、このフォーラムが発行しているニュースレターや会誌『放射線教育』にも多数掲載されており、インターネット上にも公開されているので、簡単に読む事が出来ますが、これもある意味で、その意図が非常にわかりやすいものです。

松浦氏の主な主張を要約すると、①わが国は「原子力エネルギー」の恩恵に依存しているのに、国民の間には放射線に対しての不安感、恐怖心（「放射線恐怖症」）があり、その事が原子力の平和利用を妨げている、②その理由としては、一つは広島・長崎の原爆投下の後遺症と、もう一つはマスメディアの態度及び学校教育による放射線に対するネガティブな影響、そして「放射線は少量でも悪影響がある」とする「しきい値なしの直線的仮説（LNT仮説）」による放射線防護の考え方の影響である、③国民の多くは、放射線についての正しい知識を身に付けておらず、その原因の一つとしてわが国では小中高の学校教育において、放射線についての正しい知識がきちんと教えられていないことがある、④このような現状を改善するには、学校での放射線の教育について、学習指導要領にきちんと明記するとともに、学校の教師がしっかりと学校で放射線についての正しい知識を教えることが出来るようにしなければならない、⑤そのためには、まず文部科学省に、改善のための要望書を提出するなどの働きかけを行うとともに、教師が学校現場で放射線の教育にしっかりと取り組むことが出来るような指導資料の作成やセミナー・研修会・シンポジウムなどを開催する必要がある、というようなものだと思います。

○ 放射線についての「正しい知識」とは、どのような知識なのか？

このような主旨の主張に基づいて、一九九四年から活動を開始した「放射線教育フォーラム」では、一九九五年・六年と二〇〇五年・六年に、文部科学省に対して要望書を提出しました。その成果かどうかわかりませんが、二〇一三年から本格実施される「学習指導要領」には、「放射線」に関する内容が盛り込まれることになりました。このような動きに対応するように、二〇一一年度には教師のための「放射線学習指導資料―中学校・高等学校における放射線に関する学習指導の手引き―」を完成させたり、文部科学省主催の「エネルギー・環境・放射線セミナー」を、二〇〇一年度から財団法人放射線利用振興協会と協力しながら、二〇〇九年度まで、全国各地で開催していました。

「放射線教育フォーラム」が作成した「放射線学習指導資料」は、残念ながら、そのまで文部科学省の作成した「放射線副読本」や「教師用解説書」としては採用されませんでしたし、二〇一〇年度以降は「放射線セミナー」への文部科学省からの委託もなくなってしまいました。しかし、この松浦氏の主張に代表される「放射線教育フォーラム」の考え方は、現在、文部科学省が本格的に推し進めようとしている「放射線教育」の考え方に大きな影響を与えているのではないかと思われるとともに、この「放射線教育」の基本的な性格や目的がなんであるかを、じつにわかりやすく示しているように思われます。

それは、国民や子どもたちの多くは、放射線について「よく知らない・わかっていない」のであるから、いたずらに不安感や恐怖心を抱くのであって、放射線についての「正しい知識」をしっかりと「知ってもらい・わかってもらえ」ば、そのような不安感も恐怖心もなくなり、安心するはずである。そのためには、小・中・高という学校段階で、教師によって放射線についての「正しい知識」を教えることが、非常に重要であるということです。

ここで問題となるのが、放射線についての「正しい知識」とはどのような「知識」なのか？　ということです。「放射線教育フォーラム」の立場から言えば、放射線の専門家が「正しい知識」と思っているものが「正しい知識」であり、国民や子どもたちがそれを知って、理解すれば安心するようなものが「正しい知識」ということになるのではないでしょうか。しかし、ここで放射線の専門家といっても、様々な立場で、いろいろな考え方を持っている専門家がおり、その主張も完全に一つにまとまっているわけではありません。また、このような「正しい知識を知る＝安心する」ということであれば、国民がそれを知り、理解することによって、さらに不安になり、恐怖心を抱くことになるような放射線の知識は、「正しい知識」ではない、ということにもなりかねません。

○「100ミリシーベルト以下は安全・安心」という「放射線ムラ」の共通認識

今回、文部科学省が発行した児童・生徒向け「放射線副読本」の「基本的な性格」をあらわす三つのポイントは、①「放射線はどこにでもあります（宇宙からも、地面からも）」、②「放射線は色々と活用されています（X線とか、滅菌とか）」、③「100ミリシーベルト以下の放射線を浴びても、がんになるという明確な証拠はありません」ということでしたが、これは、まさに「放射線教育フォーラム」が、これまで主張してきた、国民や子どもたちが、しっかり知って、理解すれば、かならず安心することが出来る、放射線についての「正しい知識」そのものなのです。

特に、③の「100ミリシーベルト以下の放射線を浴びても、がんになるという明確な証拠はありません」という表現は、あからさまにではありませんが、「しきい値なしの直線的仮説（LNT仮説）」による放射線防護の考え方である、「たとえ少量であっても、放射線は人体の健康に影響を及ぼす可能性がある」という考え方に対して、否定的な立場をとっていることを表しているように思われます。そして、それは「放射線教育フォーラム」が、その設立以来、その立場から、ずっと主張してきたことでもあるのです。

もうお気づきの方もおられると思いますが、この「**100ミリシーベルト以下の放射線は安全・安心」という主張**は、原発事故後、すぐに福島県の「放射線健康リスク管理アドバイザー」に就任した、長崎大学の教授である山下俊一氏が、福島県内各地で行った「福島原発事故の放射線リスクについて」という演題での講演会の中で、「今回の原発事故での放射線による健康への影響は、ほとんど考えられません」「100ミリシーベルトを超えなければ、全く健康に影響を及ぼしません」という発言（後で訂正したとも言われていますが、このことから、後に山下氏は「ミスター100ミリシーベルト」と呼ばれるようになったと言われています）によって、だから「皆さん、安心してください」と、その時に山下氏が説明したことと、まったく同じ主張のように思われます。

どうも、わが国の放射線や放射能についての研究者、専門家と呼ばれる方々の世界には、「**放射線ムラ**」ともいうべき共通の関心や利益によって結びついている集団があって、その人たちの主張には、ある共通したものがあるように思われるのです。

その最も典型的なものが、この「100ミリシーベルト以下の放射線は安全・安心」という、「しきい値なしの直線的仮説（LNT仮説）」による放射線防護の考え方に対する否定的な立場の主張であるように思われます。したがって、この長崎大学教授で福島県の「放射線健康リスク管理アドバイザー」であった山下俊一氏の発言も、「放射線教育フォーラム」の理事長である松浦辰男氏の主張も、それぞれの個人的な見解などではなく、言ってみれば「放射線ムラ」の人々の共通した見解・認識であると言えるのではないでしょうか。そして、今回の文部科学省発行の「放射線副読本」もまた、この「放射線ムラ」の共通認識である「100ミリシーベルト以下の放射線は安全・安心」という考え方に基づいて作成されているように思われるのです。

結局、これまでの「原子力教育」に代って、文部科学省によって、これから推進されようとしている「放射線教育」もまた、「原子力ムラ（放射線ムラ）」による、「放射能は安全・

安心」という、新たな「放射線安全神話」を、教師や児童・生徒たちに向けてプロパガンダ（広報宣伝）するためのものであるように思われるのです。

第四章

「原子力ムラ」と学校現場

1　学校現場と「原子力ムラ」からの「教育支援」

○ 三十年ぶりに復活した「放射線の授業」

二〇〇八年に改訂された新学習指導要領において、中学理科の教科の「科学技術と人間」の単元、「エネルギー資源」の項目で、「放射線の利用とその性質にも触れること」と記載されたことによって、二〇一四年の完全実施から、学校現場において、約三十年ぶりに「放射線の授業」が復活することになりました。また二〇一一年に福島で起きた原発事故によって、大量の放射性物質が拡散したことで、国民の間に放射能・放射線についての関心も高まり、それに関する本も大量に出版されたり、インターネット上にも大量の情報が流通するようになっています。このような状況によって、学校における放射能・放射線に関する教育や授業の重要性は、ますます高まっているように思われます。

しかしながら、肝心の学校現場では、このような「放射線の授業」に対して、教師自身がどのように取り組んだらよいのかということについての、困惑と混乱があるように思われます。まず、何度も書いていることですが、学校現場において、直接授業で「放射線」

を教えることになる教師自身のほとんどが、学校できちんと「放射線」のことについて学んできていなかったり、実際に学校現場で教えたという経験があまりないということです。さらに、学校現場では、実際に授業で「放射線」について教えるにしても、年間指導計画から割り振れる時間は、せいぜい1時間くらいか、頑張っても2～3時間くらいしか取れないという現実があるようです。そのような状況の中で、現場の教師が、この「放射線」について、限られた授業時間の中で、どれだけの内容を、どこまでのレベルまで教えたらよいのか、そしてそれは可能なのかというような問題があるのです。

もっと難しい問題は、「放射線」という非常にデリケートな問題を授業で教える事によって、「不安をあおる」とか「差別を助長する」というような批判やクレームがくるかもしれないという「恐れ」があるのではないかということや、専門家の間でも違った見解があるような部分については、それを否定するにしても、肯定するにしても、どこからか批判やクレームがつくかもしれないという「恐れ」があるのではないかという心配です。

そのようなことから、学校現場の教師たちの間では、新学習指導要領が完全実施になった二〇一四年度以降においても、このような「放射線」についての授業は、できればやりたくないし、やるにしても、あたりさわりのない程度で、授業の中で、ちょっと触れる程度にしておこう、というような思惑が強くなってきているのではないでしょうか。

○「放射線の授業」は学校現場の教師の判断におまかせ？

このような学校現場の状況に対して、文部科学省は、例の「放射線副読本」を、日本全国の小・中・高すべての学校に、児童・生徒全員分を送りつけてきたものの、その配布と利用については、各都道府県の自治体や教育委員会、各学校の管理職の判断にまかせており、あくまでも教師の指導の一助として、それを活用するか、しないかは現場の判断によるという姿勢です。

各都道府県の自治体や教育委員会の対応も、それぞれまちまちで、福島県などは、県議会が文科省発行の「放射線副読本」について、「放射線の基本的性質」についての記述が多いが、「原発事故」にはほとんど触れていない点を指摘し、その内容を、もっと福島県の現状を踏まえたものに見直すことを求める意見書を提出していますが、一方で、福島県教育委員会は、二〇一二年の八月、県独自の「放射線」についての「指導資料」を作成し、県内の全校から教師を一人ずつ集めて研修会を開催しています。

しかし、その研修会では、「原発には触れない」「原発に関しては中立的立場をとる」などというような説明があったと言われています。他の自治体や教育委員会についても、独自の「指導資料」や「副読本」を作成したり、県内の教師を集めての研修会を開催したりしているところもありますが、学校現場での「放射線の授業」の取り組みについては、それぞれの学校現場の教師にまかせているところが、ほとんどのようです。

このような状況の中で、本当に真面目で熱心な教師であればあるほど、どのように「放射線の授業」に取り組んで、どのように「放射線」について教えればよいのかについて、悩み、葛藤することになるのではないでしょうか。文部科学省や教育委員会は、「学習指導要領」に「放射線」について記載されたのだから、学校現場できちんと教えなさいと言いながら、それをどのように、どこまで教えるのかについては、それぞれの学校現場の教師の判断にまかせており、そのことが結局、学校現場の「放射線の授業」についての困惑と混乱をまねいている原因の一つになっているように思われます。

そのような学校現場での「放射線の授業」の取り組みについての困惑と混乱、真面目で熱心な教師たちの悩みや葛藤に、つけこむようなかたちで、今、学校現場に「浸透」しようとしているのが、「原子力ムラ」の人たちによる「放射線教育支援」という名のプロパガンダなのです。

○「原子カムラ」の「プロパガンダ団体」による「放射線教育支援」

たとえば、インターネットで、「放射線」とか「放射線教育」という言葉で検索してみると、すぐに目に留まるのが「**放射線教育支援サイト〝らでぃ〟**」というサイトです。このサイトは、「放射線の授業準備は〝らでぃ〟におまかせ！」というキャッチコピーに示されているように、「放射線の授業」についての「実践紹介」「資料集」「指導案集」「Q＆A集」「用語集」「リンク集」などの様々なコーナーがあり、これから「放射線の授業」に取り組もうと思っている現場教師にとっては、すぐに授業で活用、利用出来るプランやアイデア、教材などが満載の、非常に役に立ちそうなサイトです。

このサイトを運営しているのは「**放射線教育推進委員会**」という組織で、二〇一二年から、このようなHPを通じての「放射線」にかかわる教育の支援を始めたそうですが、その主旨・目的については、以下のような文章がサイトに掲載されていました。

新学習指導要領において中学理科「放射線」に関する内容が組み込まれることになりました。約30年ぶりに復活するその指導内容は理科第一分野「科学技術と人間」の

「放射線教育支援サイト〝らでぃ〟」のホームページ

「エネルギー資源」に関わる項目において「放射線の利用とその性質についても触れる」と表記されているものの、総合学習などで「エネルギー」に関する教育実践に取り組んだ中学校の事例を除き、現職の理科教員のほとんどがこの項目について実際の指導経験が無い状況にあります。放射線教育推進委員会では中学校理科新学習指導要領に記載された「放射線」にかかわる教育の支援を同ホームページを通じて行って参ります。

この「放射線教育推進委員会」とは、一体どのような団体なのだろうかと思い、その構成員としてあげられている方々の名前を見てみますと、筆頭には、なんと有馬朗人元文部大臣（学校法人根津育英会武蔵学園長）が監修者となっており、以下、推進委員には清原洋一氏（文部科学省初等中等教育局視学官）、高畠勇二氏（全国中学校理科教育研究会会長・練馬区立開進第一中学校校長）、鈴木克彦氏（川崎市教育委員会川崎市総合教育センター・カリキュラムセンター指導主事）、飯本武志氏（東京大学環境安全本部准教授）という名前が並んでいます。

この団体、スタート当時は、その事務局は「日本教育新聞社」内におかれていましたが、二〇一一年の福島での原発事故の後、一時的にＨＰのサイトが中断され、翌年度からは、**「公益財団法人日本科学技術振興財団」**と連携して、運営されることになり、その年の五月二十四日からＨＰのサイトが再開されました。ちなみに、この「日本科学技術振興財団」の会長には、有馬朗人元文部大臣が二〇〇〇年から就任し、現在に至っています。

この「日本科学技術振興財団」は、一九六〇年に日本の科学技術の水準の向上に寄与するためにという目的で設立され、主に「日本科学技術館」をはじめとする科学館や博物館の企画・設置・運営などの事業に取り組んでいる団体ですが、その名称からも分かるように、元の科学技術庁、現在の文部科学省の、いわゆる「天下り団体」の一つかと思われます。もともと、「原子力ムラ」の中の「プロパガンダ団体」という性格はあまり強くなかったようですが、二〇〇七年度から簡易放射線測定器の貸出事業や放射線出前授業、放射線教育の教材開発など、積極的に「放射線教育支援」の事業に取り組むようになり、二〇一一年の原発事故後、この「放射線教育推進委員会」と「放射線教育支援サイト〝らでぃ〟」の運営を引き受けることで、「原子力ムラ」の「プロパガンダ団体」という性格を強めてきているようです。

○「原子力ムラ」の「翼賛団体」も「放射線教育」のサポートを

もう一つ、インターネット上で目に付く「放射線教育」のサイトに、「**ちょっと詳しく放射線**」というのがありました。

その冒頭の「放射線教育にあたって」という文章には、「このサイトは中学3年理科の学習指導要領解説に記載されている放射線の内容に基づき、副読として利用いただくことを目的に作成しました」と書いてあり、明らかに今回の学習指導要領の改訂を機に、学校現場の先生方を対象にした「放射線の授業づくり」をサポートするためのサイトのようです。内容も、①放射線の基礎知識、②放射線と健康、③放射線の利用、というように「放射線」について「詳しく」解説してあり、さらに「放射線教育のポイント」として、学習指導要領に書かれた学習内容をもとに、それぞれの学習ポイントとこのサイトの関連したページがすぐにわかり、検索出来るようになっていました。まさに、今、学校現場で「放射線の授業」をやらなければならない先生方にとっては、授業づくりに必要な「放射線」についての「正しい知識」が、すぐに手に入るという、とても便利なサイトなのです。

さらに、このサイトには「放射線教育サポートシステム」というコーナーがあったので、クリックしてみると、「**放射線知識普及連携プロジェクト**」という名称の団体が目にとまりました。このプロジェクトは、福島での原発事故を契機に、「関西地区の原子力関係の学会・大学・団体の有志が連携して、幅広い層に対し、放射線に関する疑問や不安に応えるともに、放射線の基礎知識や、正しい知識・情報を伝えていくことを目的に、二〇一一年六月に設立されたそうです。

おもな活動内容としては、①教育関係者への情報提供、②関西・福井地域の自治体・マスコミへの情報提供、③一般層（特に都市部女性層）を対象とした情報提供などが、活動趣意書に記載されており、二〇一一年の八月~九月には文科省の後援を得て、教職員対象の「放射線セミナー」を関西地区で開催しています。このプロジェクトには、実行委員会という組織があり、その代表は近畿大学の原子力研究所長である伊藤哲夫教授で、以下委員には関西地区の大学の原子力・放射線関係の教授らの名前が列記されています。

ここまで見てくると、だんだんその正体が見えてきたようですが、この「ちょっと詳しく放射線」というサイト自体、もともとのホームサイトは「**かんげんこん！**」という、ちょっと見ただけではなんのサイトか分からないような名称のサイトなのですが、これは正式には「**関西原子力懇談会**」という、その名もずばり関西地区における原子力関連企業・業界団体による「プロパガンダ団体」のホームサイトだったのです。

この「関西原子力懇談会」は、一九五六年、原子力平和利用の推進、原子力・放射線の基礎知識の普及啓発、放射線取扱主任者の養成や、さまざまな調査研究活動を行うため、当時の「**㈳日本原子力産業会議**」の関西地方組織として設立されたそうです。現在の会長は、京都大学の名誉教授で原子炉実験所の元所長であった西原英晃氏です。ホームページには、簡単な組織図と活動概要しか掲載されておらず、その構成団体や役員メンバー、予算規模などについてはよくわかりませんでしたが、過去の新聞報道によると、福井県の原発に関して技術的な助言をする「県原子力安全専門委員」の委員十二人中の四人に対して、この「関西原子力懇談会」から、二〇〇六年から二〇一〇年度にかけて、研究助成費として計七百九十万円の寄付が行われていたそうですので、かなりお金持ちの団体なのでしょう。なお寄付を受けていた一人でもある福井大学の泉佳伸教授は、「放射線知識普及連携プロジェクト」の委員として名前を連ねている方でもありました。このようなことからも、この「関西原子力懇談会」という団体は、明らかに「原子力ムラ」の原子力関連企業・業界団体による「原子力政策」への「翼賛団体」であることは間違いないものと思われます。

○「原子力ムラ」の「翼賛団体」による教師たちへの「教育支援」

このような「原子力ムラ」の原子力関連企業・業界団体による「翼賛団体」は、この「関西原子力懇談会」だけでなく、全国各地に、ほぼそれぞれの電力会社のエリアごとに、「**北海道エナジートーク21**」、「**東北エネルギー懇談会**」「**茨城原子力協議会**」「**北陸原子力懇談会**」「**中部原子力懇談会**」「**中国地域エネルギーフォーラム**」「**山口県エネルギー問題懇話会**」「**九州エネルギー問題懇話会**」というように組織されているようです。

これらの九つの地方にある「原子力ムラ」の「翼賛団体」は、その設立された時期やプロセスは様々のようですが、いちおう中央にある「**㈳日本原子力産業協会**」の地方組織として、直接的・間接的に連携をとっているものと考えられます。この「㈳日本原子力産業協会」は、その前身が「㈳日本原子力産業会議」であり、一九五六年、当時の原子力委員会委員長である正力松太郎氏の呼びかけで、日本における原子力産業の関連企業や業界団体によって組織された「業界団体」であり、その後の日本の「原子力政策」を強力に推し進めていく牽引力ともなった「原子力ムラ」最大の「翼賛団体」なのです。

「関西原子力懇談会」を始めとする、これらの各地方における「原子力ムラ」の「翼賛団体」

は、それぞれネット上にホームページを開設していて、その活動内容などが紹介されていますが、どの組織も、共通して「原子力エネルギー」の開発・利用について、地域住民に理解してもらうための「講演会・セミナー・フォーラム」などの開催や、原発をはじめとするエネルギー関連施設への見学会などの活動に取り組んでいます。そして、とりわけ力を入れているのが、学校の教師たちを対象にした「研修会・研究会・講座・見学会」などの開催です。

私が住んでいる地元の「北海道エナジートーク21」という団体では、「北海道エネルギー環境教育研究委員会」という組織の事務局を担当して、小学校から大学の先生方を組織し、研究会や勉強会、授業実践校交流会などの活動に取り組んでいます。このような学校の教員を組織して、取り込んでいくような活動は、名称やスタイルの多少の違いはありながらも、他の地域の「翼賛団体」においても様々なかたちで取り組まれているようです。このような活動は、表向きは、学校の教師たちへの授業づくりや研修への「教育支援」というスタイルを取りながらも、その内実は、明らかな「原子力ムラ」からの「プロパガンダ（広報宣伝）」であるように思えます。

2　「原子力教育模擬授業全国大会」と「TOSS」

○「原子力教育模擬授業全国大会」

「放射線教育支援サイト〝らでぃ〟」は、もともと開設当初は、「**日本教育新聞社**」が事務局として、その運営をまかされていましたが、福島原発事故が起きた二〇一一年の五月過ぎに、このサイトは突然閉鎖され、その後、事務局が「公益財団法人日本科学技術振興財団」に変わって、翌年サイトが再開されました。私は、福島での原発事故後、このサイトが閉鎖されるまでに何度かアクセスして、その内容を見ていたのですが、その時に私の目に留まったのが、「**原子力教育模擬授業全国大会**」についてのニュースでした。このサイトがいったん閉鎖されて、再度開かれた時には、なぜかこのニュースについては削除されていて、再び見る事は出来ませんでした。

このニュースは、もともとはその年の二月二十一日の『日本教育新聞』の記事を転載したもので、同年一月二十九日に東京・千代田区北の丸公園の科学技術館で行われた「第2回原子力教育模擬授業全国大会」の様子を伝えるものでした。この「原子力教育模擬授業全国大会」という、今聞くとちょっとびっくりするようなタイトルの「大会」は、この前年に第一回の大会が、東京で開催されています。

主催は「**エネルギー教育全国協議会**」という団体で、後援が「日本教育新聞社」と「財団法人経済広報センター」、そして協力は「**電気事業連合会（略称・電事連）**」となっています。その開催目的は、「全国の小中学校で原子力教育に関する授業を広く取り組んでいただくため」と、「分かりやすい授業案を表彰することで、先生方の授業の参考にしていただくため」となっています。「全国大会」と銘打たれていますが、どうやら同様の名称の「地区ブロック大会」が各地で行われており、そこで代表として選ばれたとされる9名の先生方が、この大会で模擬授業を行い、最優秀賞や優秀賞が選ばれるということのようでした。

第二回目となるこの年の最優秀賞は、「『活躍する放射線』～ウリミバエの撲滅を通して」というテーマの授業を行った、関東ブロック代表の小学校の先生でした。優秀賞は、三つの部門ごとに選ばれ、〈電気のゴミ部門〉では、「北の大地、幌延からの発信！　～高レベル放射性廃棄物の地層処分について考える～」というテーマの授業を行った北海道ブロック代表の小学校の先生が、〈放射線教育部門〉では、「放射線と最先端医療～重粒子線を使ったがん治療～」というテーマの授業を行った関東ブロックの代表の小学校の先生が、〈原子力教育部門〉では、「原子力発電所の稼働率」というテーマの授業を行った九州ブロック代表の小学校の先生と、「世界が注目する日本の最新原子炉技術」というテーマの授業を行った関西ブロック代表の小学校の先生が、それぞれ受賞したようです。

入賞した方々は、全員小学校の先生のようですが、そのテーマを見ると、かなり高度なレベルで、本当に小学校でこんな授業がやれるの？　と思ってしまいますが、この〈原子力教育部門〉〈放射線教育部門〉〈電気のゴミ部門〉という三つの部門設定を見ただけで、二〇〇〇年代以降になってから文部科学省と原子力ムラの「プロパガンダ団体」が推し進めようとしてきた「原子力・放射線教育」の授業実践を、実際に学校現場の先生方にやらせて、それをコンテスト形式で競わせるというかたちをとりながら、これを教育現場に広めていこうという「プロパガンダ」の意図が透けて見えてきます。

○「原子力」の「正しい知識」を子どもたちに教える授業？

この「全国大会」では、代表者の模擬授業の後に、玉川大学の谷和樹順教授が、「高レベル放射性廃棄物」をテーマにした基調授業を行い、その授業の中で「高レベル放射性廃棄物」の放射線量が安全なレベルになるには一万年以上必要となるとしながら、「その時間レベルでは地層は極めて安定していて、まったく変化することはなく極めて安全です」として、「多くの子どもたちに広く深い視点と、より正しい知識を教えて欲しい」と訴えたそうです。

さらに、東京大学の飯本武志准教授が、「さまざまな放射線利用」というテーマの特別講演を行い、その中で、放射線が医療分野や農業・工業などの分野で活用されているとして、「放射線は身のまわりに自然に存在するだけでなく、今の社会の中ではとても重要な役割を担っています。メリットもデメリットもバランスよく、正しい知識を適切に伝えて頂きたいと思います」と述べていたそうです。

この「原子力教育模擬授業全国大会」を主催している「エネルギー教育全国協議会」の代表である向山洋一氏は、この大会の最後の挨拶で、「例えば、この稼働率低下には正しい知識を持たないために、新潟県中越沖地震によって被災した柏崎刈羽原子力発電所を、安全が確認されてもなお、二年間も稼動させないという現実があります。この背景には正しい知識を持っていないために、日本国民全体を覆っている原子力発電に対する〝拒否感〟の存在があることは否めません。こうした実態を解消するためにも、事実に立脚した正しい知識を子どもたちはもちろん、学校や地域にも広げて欲しい」と呼びかけたそうです。

この三人の語りに**共通しているのは、「原子力」や「放射線」についての「正しい知識」というキーワード**です。すなわち、「原子力」や「放射線」についての「正しい知識」を身に付ければ、それが「安全・安心」なものであることが理解出来るはずなので、先生方は学校で子どもたちに、しっかりと「原子力」や「放射線」についての「正しい知識」を教えて欲しいということのようです。これまで見てきたように、このような「思考パターン」は、この五十年余りの間、わが国の原子力政策を推し進めてきた「原子力ムラ」の人たちの「思考パターン」とまったく同じものだと言えるでしょう。

こうして見ると、この「原子力教育模擬授業全国大会」も、明らかに「原子力ムラ」によるプロパガンダ（広報宣伝）の一つであったことは間違いないように思われるのですが、ここで注目すべきなのは、この「全国大会」を主催しているのが、文部科学省でもなく、「原子力ムラ」の「プロパガンダ団体」でもなく、「エネルギー教育全国協議会」という名称の、学校現場の教師たちが参加している民間教育研究団体の一つであるということなのです。

○「エネルギー教育全国協議会」と「TOSS」

この「原子力教育模擬授業全国大会」を主催した「エネルギー教育全国協議会」とは、一体どのような団体なのか、インターネットで調べてみたところ、HPのサイトがあり、そこには「一九九七年四月に発足した、小中学校の現職教師による任意団体です。環境やエネルギーについて、子どもたちに自ら考え行動出来る正しい知識を持ってもらうため、授業を通してエネルギー問題の大切さを教えていくことを目的としています」と書かれていました。座長である向山洋一氏は、教育の世界にいる者なら一度はその名前を聞いたことがあるであろう「**TOSS（教育技術法則化運動）**」の代表でもあります。

「TOSS（教育技術法則化運動）」とは、現職教師が中心となって組織された民間教育研究団体の一つで、全国の各都道府県にサークルがあり、およそ八千名の会員がいるとされています。代表である向山洋一氏が提唱する、だれでもがその方法によって指導することが出来る「教師の教育技術についての方法（指導法）」の体系化をめざしていると言われています。その方法論は、彼の著書である『跳び箱は誰でも跳ばせられる』というタイトルに現れていると思います。現在は、インターネット上のポータルサイト「**TOSSランド**」を開設・運営し、全国の会員教師が実践している各教科の様々な指導法を掲載し、情報の共有による授業技術の向上と、追試による指導法の発展を目指すとされています。

「エネルギー教育全国協議会」は、もともとは「**ＴＯＳＳエネルギー教育全国協議会**」という名称から始まっており、代表である向山氏の呼びかけで、「エネルギー問題」を教育の現場で取り上げ、「エネルギー教育」の学校教育への導入を目指すために、「ＴＯＳＳ」の会員を中心に組織されたものであるようです。メインとなる活動は、年に7〜8回、全国各地で「**エネルギー教育シンポジウム**」を開催し、大学教員による講演・講座や会員による模擬授業などを行うことのようです。このシンポジウムの「売り」は、参加費がわずか千円であること、すぐに授業で使える指導法が学べること、「エネルギー学習スキル」とか「放射線学習スキル」というような授業の指導マニュアルとして使えそうなテキストが、お土産としていっぱいもらえるということだそうです。

私自身も、教員になってから、現職教師たちによって自主的に運営されている、いくつかの民間教育研究団体に所属して、その活動に参加してきましたが、今は、どこの民間教育研究団体もその運営には苦労しています。年一回開かれる全国大会も、なんとか苦労してやっと開催までこぎつけているのに、この「エネルギー教育全国協議会」という団体は、毎年、全国各地で7〜8回も「シンポジウム」を開催しているというのは驚きです。それも参加費がたったの千円で、なおかつ沢山のお土産まで付けることが出来るなんて、一体どうすればそのような財政運営が可能なのか、とっても不思議です。ちなみに、この「エネルギー教育全国協議会」への「入退会に関する規定」は「特に設けていない」し、「年会費」なども特に徴収はしていないようです。

○ 消えた「原子力教育模擬授業全国大会」と「TOSSランド」

このような「エネルギー教育全国協議会」の主催によって、全国各地で開催される「エネルギー教育シンポジウム」で、エネルギー教育の模擬授業を実践した現職教員の中から、その地区の代表者が選ばれ、その先生方を集めて東京で開催されたのが「原子力教育模擬授業全国大会」ということなのですが、二〇一〇年に第一回が東京で開催され、翌年に第二回が同じく東京で開催された以後、なぜか同様の大会は開催されていません。

そして、この大会の後援をしていた『日本教育新聞』は、事務局として運営をしていたインターネット上の「放射線教育支援サイト〝らでぃ〟」を突然閉鎖し、数カ月後に別の団体によって再開された時には、すでにこの「原子力教育模擬授業全国大会」についてのニュースは削除されていたのです。

じつは同じようなことが、「ＴＯＳＳ」のインターネットサイトである「ＴＯＳＳランド」でも起きていました。この「ＴＯＳＳランド」では、各教科や学級経営、行事指導などのカテゴリーごとに、様々な授業実践や指導方法・指導技術がコンテンツとして登録されていますが、そのカテゴリーの中の一つに「環境エネルギー教育」というものがありました。さらにそこの「エネルギーの授業」というインデックスの「原子力／放射線」のタブをクリックすると、「ゼロリスク願望〜再処理工場の安全性〜」とか、「ウランへの認識」とか、「放射線について考えよう」とか、「原子力発電所の5重の壁の授業」という、「原子力・放射線教育」の授業実践例がいっぱい並んで出てくるのです。

ところが、この「ＴＯＳＳランド」も、おそらく福島での原発事故の後だと思うのですが、「**ＴＯＳＳランド・新！**」というように、サイトが全面的にリニューアルされていて、いつのまにか、この「環境エネルギー教育」というカテゴリーも、「原子力／放射線」というタブも無くなっていました。

これは、「エネルギー教育全国協議会」のインターネットサイトである「エネルギーを教える」でも同様で、ここにある「おすすめエネルギー授業」というインデックスの中で紹介されている様々な「エネルギー教育」の授業実践例には、一つも「原子力」とか「放射線」というタイトルのものは見当たりません。

このような経過を見ていくと、どうも「ＴＯＳＳ」と、それを主宰する向山洋一氏は、一九九〇年代後半頃から、「原子力ムラ」の人々に急接近し、「ＴＯＳＳエネルギー教育全国協議会」を立ち上げたり、「エネルギー教育シンポジウム」の開催に取り組んだりして、学校現場における「原子力・放射線教育」の「プロパガンダ（広報宣伝）」に積極的に協力し、それに多数の現場教師をまきこんでいったのではないでしょうか。そのような「プロパガンダ活動」の集大成が、「原子力教育模擬授業全国大会」であったようですが、二〇一一年に福島で起きた原発事故によって、あえなく潰えてしまったようです。しかし、表向き「原子力」とか「放射線」という文字が消えても、「原子力ムラ」との関係が、まったく切れているわけではないのは、福島での原発事故後も、「エネルギー教育全国協議会」と「エネルギー教育シンポジウム」が、ほぼそのままのかたちで継続されていることを見れば明らかだと思います。

3 「日本エネルギー環境教育学会」という「学会」

○「エネルギー環境教育特別シンポジウム」

「放射線教育支援サイト〝らでぃ〟」からは、忽然と消えた「原子力教育模擬授業全国大会」のニュースでしたが、一方で再開された同サイトで、かわりに目立っていたのが「**エネルギー環境教育特別シンポジウム**」の**ニュース**でした。

これは、二〇一三年三月十日、東京都千代田区北の丸公園の科学技術館を会場として、「**日本エネルギー環境教育学会**」というところが主催して行われたシンポジウムのようです。参加対象は、教職員及び教育関係者、その他関連するＮＰＯ等の団体関係者となっており、参加費は無料ということです。その内容は、まず特別講演として「東京へのメッセージ！福島で何が起こったか？　〜エネルギー環境教育の視点から〜」というタイトルで、いわき明星大学の二人の教授からの報告があり、つぎに情報提供として「最新のエネルギー事情について」というタイトルで高知工科大学の教授からの報告があったようです。

ここまでなら、「エネルギー環境教育」のシンポジウムらしいタイトルと内容なのですが、その後に、「エネルギー教育賞最優秀賞及び特別受賞校による事例報告」というがあり、そこで北海道の札幌市の中学校の先生が「学校現場の放射線教育」というタイトルで授業実践の報告が行われ、さらにその後「放射線教育のこれから〜福島の実践とともに考える～」というタイトルのパネル討論会が行われたということなのです。なぜか、シンポジウムの後半になると、いきなり「放射線教育」という文字がドン！　と現れてきて、「エネルギー環境教育」のシンポジウムなのに、なぜ「放射線教育」なのか？　と、戸惑う人もいるのではないでしょうか。

もう気がついた読者もいるかもしれませんが、このシンポジウムが開催された東京都千代田区北の丸公園の科学技術館は、あの「原子力教育模擬授業全国大会」が開催されたところとまったく同じ会場です。そして、大学の先生による講演や報告があったり、学校現場の現職の先生が授業実践の報告をしたり、それが「最優秀賞」として表彰されるというところも、「原子力教育模擬授業全国大会」のスタイルとそっくりではないでしょうか。ちなみに、「原子力教育模擬授業全国大会」を主催していたのは、「エネルギー教育全国協議会」という団体でしたが、こちらの「エネルギー環境教育特別シンポジウム」の方を主催していたのは「日本エネルギー環境教育学会」という「学会組織」であり、名称は似ていますが、どうやら別々の組織・団体のようです。では、一体この「エネルギー環境教育学会」というのは、どのような「学会」なのでしょうか。

○「日本エネルギー環境教育学会」という「学会」

教育の世界には、じつに沢山の数の「学会」が存在します。私自身も、「日本教育学会」をはじめ、いくつかの教育関係の「学会」に参加・所属しています。しかし、この「**日本エネルギー環境教育学会**」という名称の「学会」は、これまで聞いたことはありませんでした。似たような名称の「日本環境教育学会」という「学会」は有名であり、私自身もその関連行事に参加したこともあります。さらに、調べてみると「日本エネルギー学会」という名称の「学会」も存在しているようで、この「日本エネルギー環境教育学会」というのは、ずいぶんとまぎらわしい名称であるように思います。

この「日本エネルギー環境教育学会」が、「学会」として正式に発足したのは、二〇〇五年のことで、設立してまだ日も浅く、教育の世界では比較的新しい「学会」であるように思います。インターネット上にホームページが開設されており、そこからこの「学会」の設立趣旨や規約、研究活動の内容などを見ることが出来ます。その設立趣旨には、「エネルギー、環境に関する教育の理論的かつ実践的な研究の推進を通じて、国内外及び国際的な学会組織に向けてエネルギー、環境に関する教育の情報を発信する組織として、日本エネルギー環境学会」を創設し、「小学校・中学校・高等学校の教員、エネルギー、環境に関する教育に関心のある大学、研究機関等の研究者、社会教育関係者、関連企業・諸団体、行政機関等の幅広い情報交換や交流」を行うとしています。

ほとんどの「学会」というものが、基本的には大学の研究者や研究者をめざす大学院生たちが中心となって参加・組織されているのに対して、この「日本エネルギー環境教育学会」の大きな特徴は、「エネルギー環境教育に取り組んでいる大学の工学部系、教育学部系、理学部系の教官、それに小・中・中高一貫・高校・高等専門学校での理科、社会科、技術科、家庭科等の教員などが会員」となっていることだそうです。

日本の教育の世界では、すでに「環境教育」という学問的なカテゴリーは、しっかりと確立されており、多くの大学でも「環境教育」についての講座などは開設されているようですが、この「エネルギー環境教育」というものが、一体どのようなものであるのかは、私自身これまであまり聞いたことがありませんでしたし、そのような学問的なカテゴリーが日本の教育の世界で、しっかりと確立されているのかもよく知りません。さらに、「エネルギー環境教育」という講座を開いている大学がどこかにあるということも、あまり聞いたことがありません。では一体、この「エネルギー環境教育」という学問的カテゴリーは、どこから生まれてきて、そしてこの「学会」はどのような経緯で発足したのでしょうか。

○「エネルギー環境教育」という「教育」

「エネルギー環境教育」についての研究に、最もはやく取り組んでいたのは、一九九三年に「**原子力安全システム研究所（略称・INSS）**」が、佐島群巳日本女子大学教授（当時）を代表とする小学校、中学校及び高等学校等の社会科、理科及び技術家庭科教師を含む教育関係者との共同研究方式で開始した「**初等・中等教育における資源・エネルギー・環境教育の教材開発の総合的研究**」だと思われます。この研究は、「まだエネルギー環境教育が、教育界においてもなじみが薄い中、指導生徒の意識調査、国内外の教科書調査、海外の実地調査を含む状況調査等を行い、教育理論を構築し、カリキュラム開発を進めてきた」そうです。これらの研究成果は二〇〇〇年に、『「資源・エネルギー・環境」学習の基礎・基本』に、二〇〇四年には『エネルギー環境教育の理論と実践（全三巻）』にまとめられたそうです。

そのまとめに中心的な役割を果たしたと思われる山下宏文京都教育大学教授によると、この「エネルギー環境教育」という概念は、「エネルギー問題」へ着目する教育の必要性から登場したものであり、ただ「エネルギー＋環境」教育といった単なる環境教育の拡大解釈ではなく、「エネルギー」を軸教材とする環境教育であり、「エネルギー」に関する内容を中心とする環境教育であるとして、その重点はあくまでも「エネルギー教育」にあるとしています。

この「原子力安全システム研究所」が取り組んだ「エネルギー環境教育」の一連の研究では、小学校・中学校の理科や社会、家庭科など教科や、ちょうどその頃学校現場に導入された「総合的な学習の時間」などに対応した「エネルギー環境教育」の様々な教材を開発したようですが、それらの教材が、すぐに多くの学校現場に普及し活用され、実践が広がっていったわけではないようです。なぜ学校現場における「エネルギー環境教育」の実践が広がっていかないのかについて、「公益財団法人日本生産性本部・エネルギー環境教育情報センター」が行った「エネルギー環境教育」の実施状況の調査（二〇〇八年度）によると、「学校全体での学習に対する合意がない」「難しい」「わからない」「教材がない」「費用がない」などの多くの課題があることが明らかになったそうです。

ところで、この「エネルギー環境教育」の実施状況の調査を行った「財団法人日本生産性本部・エネルギー環境教育情報センター」というところは、第三章でも一度その名前が出ていましたが、あの「原子力副読本」である『わくわく原子力ランド』を、文部科学省から委託されて制作していたところです。なぜ、この「財団法人日本生産性本部・エネルギー環境教育情報センター」が、このような調査を行っていたのかというと、実はこの団体は、二〇〇二（平成十四）年度から、経済産業省資源エネルギー庁からの委託事業として「エネルギー教育」の拡充と推進基盤の強化を目的とした「エネルギー教育実践校事業」と「エネルギー教育地域拠点大学事業」という教育支援制度の事務局を担当していたからなのでした。この事業は、二〇〇五（平成十七）年度からは「エネルギー環境教育調査普及事業」というように発展・拡大していきますが、これらの事業を一貫して経済産業省から委託されていたのが「公益財団法人日本生産性本部・エネルギー環境教育情報センター」だったのです。おそらく、これらの事業の予算は、当然ながら電源三法による「原発マネー」である「エネルギー特別会計」から支出されていることは間違いないものと思われます。

○「日本エネルギー環境教育学会」は「原子力ムラ」のバックアップで生まれた？

「日本エネルギー環境教育学会」の設立は二〇〇五年で、その時の初代会長は長洲南海男筑波大学大学院教授（当時）でした。ホームページ上に、彼の「日本エネルギー環境教育学会：設立に当たって」という文章がアップされていますが、そこには、この学会の設立の「きっかけ」となったのが、経済産業省資源エネルギー庁の委託事業として「公益財団法人日本生産性本部・エネルギー環境教育情報センター」が事務局を担当した、「エネルギー教育地域拠点大学事業」と「エネルギー教育実践校事業」であったことが書かれていました。

これらの一連の事業は、二〇〇二年度から二〇〇七年度まで続きましたが、この事業の中心となった全国の「拠点大学」と小・中・高の実践校の成果発表をかねた「フォーラム」が毎年行われていて、その「フォーラム」での論議の中から「是非、エネルギー環境教育に関する研究や教育実践をしている関連の人達が集まって学的組織である学会を起ち上げて、日本のエネルギー環境教育の普及と発展を図り、世界に情報を発していこう」という熱気が沸き起こったそうです。そこで、拠点大学と実践校の有志が中心となって学会設立に向けた準備委員会が組織され、二年近くの検討を経て、エネルギー環境教育に関心をもつ大学教官や学校教育の教員の他、エネルギー環境教育に関わる企業や研究者、マスメディア、NPOなどにも広く呼びかけて「日本エネルギー環境教育学会」を設立することになったということのようです。

ホームページには、この「学会」の役員と発起人の名簿も掲載されています。会長と副会長は大学の教授、そして理事のほとんどが大学の教授と小・中学校の教諭の名前が並んでいるのですが、その中には、「電気事業連合会広報部長」とか、「石油連盟広報グループ長」とか、「日本ガス協会広報部長」という人たちの名前も並んでいるのです。このような「業界」の「広報部長」という立場の人たちが「学会」の「理事」として入っているというのも、教育界の「学会」としては、ちょっと珍しいのではないでしょうか。

さらに驚くべきことは、その発起人の名簿の中に、大学の教授や小・中学校の教諭の名前と並んで、「勝俣恒久氏（電気事業連合会長）」とか「有馬朗人氏（日本科学技術振興財団会長）」というような方々の名前が入っていたことです。言うまでも無く、勝俣氏は東京電力の会長でもあった方で、今回の福島第一原発の事故で全国的にも有名になった方です。さらに有馬氏は、元科学技術庁長官、元文部大臣だった方であり、この本にも何度か名前が上がってきている方です。お二人とも、言ってみれば「原子力ムラ」の「大物」です。さらにもう一人、「高橋秀人氏（日本教育新聞社代表取締役社長）」という方の名前も見えましたが、この「日本教育新聞社」こそ、「放射線教育支援サイト〝らでぃ〟」を、福島での原発事故まで、その運営を担当していた所であり、あの「原子力教育模擬授業全国大会」を「後援」していた所でもあるのです。

このような「日本エネルギー環境教育学会」の設立の経緯や、その人間関係図を見ていくと、どうやら「原子力ムラ」からの、かなり大きなバックアップを受けて設立された、きわめて珍しい「学会」であるように思われます。

私自身の認識では、「学会」というのは、純粋に、学問を通して真理を追究する人たちによって、自主的に組織されたアカデミズムの場であると思っていたのですが、この「日本エネルギー環境教育学会」という「学会」は、どうも私が考えていた「学会」とは、ちょっと性格が異なっているもののように思われます。

4　「エネルギー環境教育」という名のプロパガンダ

○「原子力安全システム研究所」と「エネルギー環境教育」

今や「学会」まで存在する「エネルギー環境教育」なのですが、おそらく、日本では最もはやくから、この「エネルギー環境教育」についての研究に取り組んでいたと思われる、先述した「原子力安全システム研究所」とは、一体どのような組織なのでしょうか。インターネット上のホームページにアップされていた、この研究所の概要を見てみると、その設立は一九九二年であり、なんと**資本金二億円の全額を「関西電力」が出資してできた株**

式会社であるということがわかりました。役員名簿を見てみると、取締役会長は藤洋作氏（前関西電力顧問）、取締役社長・所長は岸田哲二氏（元関西電力副社長）となっており、取締役には、森詳介氏（関西電力取締役会長）、森中郁雄氏（関西電力常務執行役員）というような名前がずらりと並んでいます。まさに関西電力の直系の外郭団体もしくは天下り団体のようですが、ホームページには、この研究所は、「一九九一年二月に、関西電力美浜原発の二号機の蒸気発生器の細管が破断するという事態が発生したことを契機に、原子力発電の安全性および信頼性の一層の向上と、社会と環境のより良い調和を目指して幅広い視野から調査・研究することを目的として」設立されたと書かれています。

この「原子力安全システム研究所」は、株式会社でありながら、「技術システム研究所」と「社会システム研究所」の二つの研究所があり、前者は「高経年化（老朽化？）研究」などの技術的な研究、後者は社会科学的・人間科学的な側面からの「ヒューマンファクター研究」や「社会意識研究」にも取り組んでいるということです。原子力の安全システムを研究するところが、原子力についての「技術的なシステム」を研究するというのは、よくわかるのですが、それだけでなく、原子力についての「社会的なシステム」についても研究するというのは、一体どういうことなのでしょうか。

この研究所は、「法人形態としては関西電力の全額出資による株式会社ではありますが、あくまでも独立した第三者的な立場で客観的に研究を行い、関西電力に対して建策・助言を行う」と、その概要には書いてあるのですが、そのようなことをあえて言うこと自体、第三者的な立場であることがかなり難しいことを表明しているようにも思われます。たとえば、「技術的に安全なシステムを確立するための様々な建策・助言を関西電力に対して行う」というのは、比較的理解出来るのですが、「社会的に安全なシステムを確立するための建策・助言を、関西電力に対して行う」としたならば、一体どのようなことになるのでしょうか。むしろ、ここでの「社会的なシステムの研究」というのは、「関西電力に対して社会的に安全なシステムを確立させるための研究」というより、「社会に対して原子力が安全であることを理解してもらうためのシステムを確立するための研究」と言えるのではないでしょうか。そう考えると、この研究所が、いちはやくその研究に取り組んだ「エネルギー環境教育」というものの性格が見えてくるように思われます。

○「エネルギー環境教育」に一番熱心なのは「電力会社」

先にも書いたように、「エネルギー環境教育」というのは、わが国の学校教育の中では、まだあまりなじみがなく、このようなことを系統的に教える教科というものはありません。社会科か理科、もしくは技術家庭科の中で、このような内容について関連する単元の中で若干触れるか、もしくは「総合的な学習の時間」で、テーマの一つとして取り上げるくらいで、学校の中から、これまでに、このような「エネルギー環境教育」に積極的に取り組もうという動きは、ほとんどなかったように思います。

しかし、この「エネルギー環境教育」に、以前から、とても積極的に、そして熱心に取り組んでいるところがあります。それは全国各地の「電力会社」です。どの電力会社のホームページを開いても、必ず**「エネルギー環境教育への取り組み」（東北電力）**、**「エネルギー環境教育のお手伝い」（北海道電力）**、**「環境エネルギー学習支援のとりくみ」（東京電力）**、**「エネルギー環境教育のご案内」（北陸電力）**というページが開設されています。

内容は、ほとんど、どの電力会社にも共通して、「出前授業・セミナーのご案内」「電力施設見学のご案内」「体験学習のご案内」「学習ビデオ・DVD・パンフレットのご案内」「エネルギー環境教育についてのホームページのご案内」などの項目が並んでいます。

どこの電力会社も、児童生徒の発電所などの施設見学を積極的に受け入れるだけでなく、社員の方が学校に出向いて、直接児童生徒たちに授業をしてくれたり、先生方を相手にしたセミナーや研修会などにも社員の方を講師として派遣してくれたりするそうです。また、北海道電力では、エネルギー広報車「ネネゴン」に、遊び感覚でエネルギーについて学べる器材を多数搭載して、出前授業やセミナー・研修会、地域のイベントなどで、どこでもエネルギーについて実体験を通して学べるようにしているそうです。

これらの「電力会社」による「エネルギー環境教育」への支援内容を列記していくと、教師に対する支援活動、児童生徒に対する支援活動、体験学習、パンフレット・教材の作成と配布、施設見学、子ども向けホームページ、論文・作文コンクール、エネルギー出前講座、科学新聞、ビデオの作成・貸し出し、データファイル、バーチャル見学、体験ツアー、環境教育研修会、カリキュラム用教材の作成等々じつに多彩・多様な内容です。

まさに、いたれりつくせりというかたちでの、「電力会社」からの「エネルギー環境教育」の支援活動が取り組まれているのですが、最大の悩みは、学校現場の先生方が、電力施設などの見学を除いて、必ずしもこれらの「エネルギー環境教育」の支援を、積極的に利用・活用しようとしてくれないということのようです。

○「エネルギー環境教育」は「電力会社」のプロパガンダ？

おそらく、このような「エネルギー環境教育」への支援について、全国各地の「電力会社」は、かなり以前から取り組んでいたものと思われますが、とりわけ熱心に取り組むようになったのには、ある契機があったようです。

それは、二〇〇二年五月、新潟県にある東京電力柏崎刈羽原子力発電所の地元である刈羽村において、プルサーマル計画の導入についての住民投票が行われ、その結果、プルサーマル反対が全投票の過半数を占めることとなり、その年の六月に予定されていた東京電力柏崎刈羽原子力発電所におけるＭＯＸ燃料装荷が延期を余儀なくされたということがあったことです。

この出来事は、原子力政策、とりわけ核燃料サイクルとプルサーマル計画を推し進めようとする国や電力会社をはじめとする「原子力ムラ」の人たちにとって、そのもたらされた衝撃は、かなり大きいものだったようです。すなわち、「原子力ムラ」が推し進める原子力政策、とりわけプルサーマル計画の推進について、地元の住民の「理解」が、その障壁となったということです。この事態を受けて、この年の六月には、国は、プルサーマル計画の推進体制の整備をはかるため、「プルサーマル連絡協議会」を設置し、さらに電力会社九社と日本原電、電源開発、日本原燃の十二社の社長で構成する「プルサーマル連絡協議会」が電気事業連合会内にも設置されました。

その後、同様の推進組織が、各電力会社にも設けられ、電力会社が一丸となってプルサーマル推進に取り組む体制を整える中、地域住民および一般国民の原子力・プルサーマル計画に対する理解に向けて、⑴原子力施設見学会の強化、⑵双方向的な対話活動の強化、⑶次世代層教育支援活動の強化、などの方針が打ち出されたということです。

まさに「電力会社」による「エネルギー環境教育」というのは、国や電力会社をはじめとする「原子力ムラ」が推し進める原子力政策、とりわけプルサーマル計画について、これを地域住民および国民、とりわけ次世代層である児童・生徒たちに、しっかりと正しく理解してもらうために取り組まれているものなのだということなのです。

その支援活動の内容は、じつに多彩・多様ですが、セミナー・出前授業の開催、パンフやDVDの作成・配布など、どれもこれも、これまで本書で見てきた「原子力ムラ」の「プロパガンダ団体」が一九八〇年代から取り組んできていた学校現場に対しての「プロパガンダ（広報宣伝）」と同じようなもの、似たり寄ったりのものばかりです。このように見ていくと、「原子力・放射線教育」と呼ばれるものも、「エネルギー環境教育」と呼ばれるものも、いずれも「教育」という名がついてはいるのですが、むしろそれは、「原子力ムラ」

による「プロパガンダ（広報宣伝）」と言ったほうがよいものであるように思われます。

○「原発事故時」はプロパガンダの好機（チャンス）？

日本で、おそらく最もはやく「エネルギー環境教育」の研究に取り組んだ「原子力安全システム研究所」が、「関西電力」によって設立されることになったきっかけは、一九九一年二月に、関西電力美浜原発の二号機の蒸気発生器の細管が破断するという事態が発生したことでした。そして、前項でも書きましたが、日本の各電力会社が「エネルギー環境教育」の支援活動に力を入れるようになったきっかけは、二〇〇二年五月、新潟県にある東京電力柏﨑刈羽原子力発電所の地元である刈羽村において、プルサーマル計画の導入についての住民投票が行われ、その結果、プルサーマル反対が全投票の過半数を占めることとなり、その年の六月に予定されていた東京電力柏﨑刈羽原子力発電所におけるMOX燃料装荷が延期を余儀なくされたということでした。

いずれの出来事も、日本の「原子力ムラ」にとってみれば、「衝撃的な出来事」であり、「危機的な出来事」であったわけですが、そのような出来事の後に、「エネルギー環境教育」についての動きが活発になっていることは注目に値します。振り返ってみると、一九七九年のスリーマイル島原発事故の後から、教科書の原発の記述への圧力・介入が始まり、一九八六年のチェルノブイリ原発事故の後から、「原子力ムラ」の「プロパガンダ団体」から学校への「プロパガンダ活動」が活発になっていきました。

ここで再び思い起こされるのが、あの『原子力PA方策の考え方』という文書に書かれている、ある一連の内容です。

・事故が発生したときは、国民の関心が高まっている。原子力広報のタイミングは最適である。

・何事もない時の広報は難しい。事故時を広報の好機ととらえ、利用すべきだ。

・事故時はみんなの関心が高まっている。大金を投じてもこのような関心を高めることは不可能だ。事故時は聞いてもらえる、見てもらえる、願ってもないチャンスだ。

・原子力に興味のない人を振り向かせるには、事故などのインパクトの大きい時機でなければ無理だ。こういう時には関心が高くなっている。

・事故時の広報は、当該事故についてだけでなく、その周辺に関する情報も流す。この時とばかり、必要性や安全性の情報を流す。

ちなみに、この『原子力ＰＡ方策の考え方』という文書をまとめた中心人物と言われている元読売新聞論説委員の中村政雄氏は、「原子力安全システム研究所」の設立当初の最高顧問会議のメンバーの一人でもありました。

この文書における、原子力に関する「プロパガンダ（広報宣伝）」の「時機（タイミング）」という項目において、「原発事故などの危機的状況」は、まさに「プロパガンダ」の「好機（チャンス）」だと指摘しているのです。そのように考えると、福島第一原子力発電所の事故が起きてしまった後の、まさに今現在は、原子力に関する「プロパガンダ」の絶好の「時機（タイミング）」であり「好機（チャンス）」であるということになります。ただ、あまりにも今回の原発事故の規模が大きすぎたために、国民の中に「原発」とか「原子力」という言葉に対する反発・反感が高まっているので、「原発・原子力教育」という言葉は極力避けて、代りに「放射線教育」とか「エネルギー環境教育」という言葉を前面に押し出しているのではないでしょうか。しかし、あいかわらず「原子力ムラ」の人たちは、地域住民や国民は、原子力や放射線についての「正しい知識」を「知らない・理解していない」から「不安になる」のであり、「反感・反発する」のであるから、これをしっかりと「知らせて・理解してもらう」ことによって、必ずや「安心」して、「支持・賛成」してくれるはずだという、彼ら自身の基本的な考え方や姿勢は、いまだ変わっていないように思われます。

5　学校現場に浸透していく「原子力ムラ」からの「エネルギー環境教育」

○　学校現場と「エネルギー環境教育」

以上、見てきたように、「エネルギー環境教育」というものに早くから着目し、それを研究し、その支援活動に積極的に取り組んでいたのは、「電力会社」をはじめとする「原子力ムラ」の人たちだったようですが、このような「エネルギー環境教育」が、小・中・高や大学といった学校、教育現場に「教育支援」というかたちで、ストレートに入ってくるようになったのは、二〇〇二年以降のことなのです。

ちょうど、文部科学省が「エネルギー対策特別会計（電源開発促進勘定）」という「原発マネー」を原資として、「原子力・エネルギーに関する教育支援事業交付金」という事業を始めたと同じ年に、**経済産業省資源エネルギー庁**もまた、「**電源立地推進調査等事業**」という、おそらく同様に「原発マネー」を原資とした、「**エネルギー教育地域拠点大学事**

業」と「**エネルギー教育実践校事業**」**という二つの事業**を始めたのです。いずれの事業も、「公益財団法人日本生産性本部（当時・社会経済生産性本部）・エネルギー環境教育情報センター」に委託され、実質的にはここが事務局を担当して進められていたようです。

この「エネルギー教育地域拠点大学事業」というのは、まず全国の大学の中から「地域拠点大学」が選定され、事務局である「エネルギー環境教育情報センター」からの支援を受けながら、各地域の関係機関との連携のもとに「エネルギー環境教育」の実践的な研究に取り組むというものです。さらに「エネルギー教育実践校事業」というのは、それぞれの地域拠点大学の周辺にある小・中・高・中高一貫校などの学校の中から「エネルギー環境教育」の「実践校」を選定し、「地域拠点大学」と連携しながら、「エネルギー環境教育」のカリキュラム開発や実践的な授業づくりなどに取り組むというものです。

この事業は二〇〇二年度から三年間続きましたが、初年度は全国の十四の大学が選定され、毎年、数大学が新たに加わって、二〇〇四年度には全国で二十二校の大学が選定されました。また、実践校も、二〇〇二年度は五十三校、二〇〇三年度は六十六校、二〇〇四年度は六十一校がそれぞれ選定されたそうです。

○「エネルギー環境教育研究会」と「エネルギー教育調査普及事業」

この二つの事業は、二〇〇五年以降も、「**エネルギー教育調査普及事業**」という新たな**事業として継続される**ことになりますが、その特色は、先の事業に参加した拠点大学と実践校の中から七校（六地域）の「地域先行拠点大学」と五校の「重点シニア校」が選定され、それらの学校が中心となって、それぞれの地域に「**エネルギー環境教育研究会**」というものを立ち上げるということでした。

ふつう、学校の教員が参加するような研究会というのは、多くの場合、教師の側からの自主的な参加や組織がなされるものですが、この「エネルギー環境教育研究会」は、最初から、この事業の取り組みの一つとして位置づけられ、全国で立ち上げられた研究会の事務局は、すべて「公益財団法人日本生産性本部（当時・社会経済生産性本部）・エネルギー環境教育情報センター」が担当し、予算もすべて、この「電源立地推進調査等事業」という「原発マネー」の原資から出されていたのです。

全国各地で立ち上げられた「エネルギー環境教育研究会」は、それぞれにインターネット上のホームページも開設しているところも多く、現在ネット上で確認出来るところでは

「長崎大学エネルギー環境教育研究会」「高知大学エネルギー・環境教育研究会」「山口エネルギー環境教育研究会」「いわてエネルギー環境教育研究会」などがありますが、これらの研究会が事業終了後、現在も継続的に活動を続けているかどうかはわかりません。

この事業の、もう一つの特色は、新たに「協力校」という制度を作ったことです。最初の事業では、小・中・高からの「実践校」というものが指定されていましたが、おそらく大学から要求される実践のレベルが高すぎて、多くの学校ではその申請に躊躇するということになったようです。そこで、拠点大学で提案する実践的な授業案を通常授業の中で実施し、その授業をきっかけに児童生徒が「調べ学習」を行い、発表会で発表するという「協力校」の参加を呼びかけ、その「協力校」には、指導案、必要経費、教材等を提供し、ボランティアが協力するというものなのです。なお、この「協力校」に認定された学校は、年間で30万円の教育活動費が助成されるということだったようです。

○「エネルギー教育実践校事業」と「トライアル校・パイロット校」

この「エネルギー教育調査普及事業」は、さらに二〇〇九年度からは「**エネルギー教育実践校事業**」**という事業として継続**されていきます。この事業は、エネルギー教育に意欲的に取り組もうとする小学校・中学校・高等学校を募集し、有意義な実践活動が行われると見込まれる学校を「**エネルギー教育実戦トライアル校**」として四十校程度、さらに「**エネルギー教育実戦パイロット校**」として二十校程度を選定し、エネルギー教育を実践させる、というものです。

この事業を委託されたのも、やはり「公益財団法人日本生産性本部・エネルギー環境教育情報センター」ですが、トライアル校・パイロット校の選考については、いちおう「選考評価委員会」が設置されて、そこが選考するようになっています。選考された学校に対して、この事業を委託された「公益財団法人日本生産性本部・エネルギー環境教育情報センター」は、事務局として、各種教材・資料の提供、講師の派遣あっせん、各種コンサルティング実践、その他各校のエネルギー教育に必要な業務を行い、トライアル校には一校あたり年間30万円の教育活動費を、パイロット校には一校あたり年間40万円の教育活動費を助成するということになっています。

この「トライアル校」と「パイロット校」、それぞれに選ばれる条件の違いは何であるかというと、まず「トライアル校」の方は、平成21年に資源エネルギー庁が作成した「はじめてのエネルギー教育～授業展開例集～」の学習テーマと内容に沿ってエネルギー教育の実践に取り組むこと、実践期間は一年間として、年間で十時間程度の授業実践を行うこととなっており、「パイロット校」の方は、資源エネルギー庁が提示した「パイロット実践校への課題」に基づき各校が独自の学習プログラムを作成し、エネルギー教育の実践に取り組むことで、実践期間は3年間、年間で十時間程度の授業実践を行うこととなっており、いずれの場合も実践終了後は、成果の報告等を行うこととなっています。

では具体的には、どのような学習テーマを取り上げたり、学習プログラムを作成したりするると、これらの「トライアル校」や「パイロット校」に選ばれるのでしょうか。「公益財団法人日本生産性本部・エネルギー環境教育情報センター」が指定する「トライアル校」で実践が望まれる学習テーマとして示されているものを見てみると、中学校の「理科」では、「石油製品ができるまで」「電気のはたらきを調べよう」という、エネルギー教育的なテーマに加えて、「原子の成り立ち・原子力って何？　～原子力発電のしくみを理解しよう～」とか、「放射線の特性を知ろう～放射線の利用と性質～」というテーマが並んでいました。さらに、「パイロット校」に選ばれるために経済産業省資源エネルギー庁が提示した「パイロット実践校への課題」には、「四つの観点」というものが上げられており、「A：エネルギー安定供給の確保（要点）エネルギー資源小国、B：表裏一体である地球温暖化とエネルギー問題（要点）化石燃料の大量消費と二酸化炭素の排出、C：エネルギー源の多様化（要点）二つのベストミックス、D：省エネルギーに向けた取組（要点）省エネの更なる推進」となっており、このいずれかに基づいた学習プログラムを作成しなければならない、ということのようです。

○ 経済産業省と文部科学省で山分けした「原発マネー」を使っての「エネルギー教育」

この「エネルギー教育実践校事業」において、「トライアル校」や「パイロット校」として選ばれると、年間で30万円から40万円、3年間継続すれば合計で120万円もの教育活動費が、その学校に助成されるのです。直接的には、この事業の事務局である「公益財団法人日本生産性本部・エネルギー環境教育情報センター」から支給されるのですが、その元は、この事業を委託した「経済産業省資源エネルギー庁」の予算からであり、さらにその原資は、「電源三法」に基づく「原発マネー」から支出されているのです。

このようなお金の流れの構造は、文部科学省の「原子力・エネルギー教育支援事業交付金」や「原子力教育支援事業委託費」と同様であり、電力会社から「電源開発促進税」として徴収した税金（もとは電気料金）を、原発の立地地域に、いわゆる「迷惑料」として公共用施設の整備などを促進するという名目でばらまく「交付金」と同様な性格のお金を、転用したものです。

なぜ、そのようなことが可能になったかというと、それまで「電源開発促進税」による税収は、「電源開発促進対策特別会計」に繰り入れられていたのですが、**平成19年に「特別会計に関する法律」が制定され、この税収がいったん一般会計に繰り入れられ、ここから「エネルギー対策特別会計」に繰り入れられるという仕組みに変わった**のです。基本的に原発の立地地域にばらまかれる「電源立地地域交付金」は、この「エネルギー対策特別会計」から引き出されるのですが、この制度改革によって、それ以外の予算についても、「電源開発促進勘定」として「電源立地対策」や「電源利用対策」という名目で、この「エネルギー対策特別会計」から引き出すことが可能になったのです。

たとえば、文部科学省の平成23年度の「原子力関係予算」は、およそ二、四四一億円でしたが、そのうち一般会計からが一、〇九二億円となっているのに対して、「エネルギー対策特別会計」からは一、三四九億円となっており、なんと「エネルギー対策特別会計」からの方が多いのです。さらに驚くべきことは、この「原発マネー」からの「流用」ともいえる「電源開発促進勘定」の残りのおよそ一、八一二億円は、経済産業省の取り分となっているのです。すなわち、**文部科学省と経済産業省は、**この「電源三法」による「原発マネー」である「エネルギー対策特別会計」から「電源開発促進勘定」という名目を立てて、**自分のところの予算に「流用」し、それを二つの省庁で山分けしていた**というわけなのです。

この経済産業省資源エネルギー庁が二〇〇二年度から始めた、一連の「エネルギー教育」に対する支援事業は、すべて「電源立地推進調整等事業」とされています。この事業の目的を見てみると、「電源立地を推進していくためには、原子力を含むエネルギー全般について幅広い広聴、広報、教育活動を行い、電源立地地域はもとより、次世代を担う子供たちを含む国民全体のエネルギーに関する理解を得る必要がある」とし、そのために「将来において原子力を始めとするエネルギーに対する適切な判断と行動を行うための基礎を構築することを目的とする」となっているのです。

○「原発マネー」を使って、学校現場で「原子力政策推進」をさせようとしていた？

以上見てきたような背景から言っても、「エネルギー環境教育」とか「エネルギー教育」というものが、そのタイトルどおりの教育のことを意味するのではなく、あくまでも「原子力を含むエネルギー（環境）教育」であり、その強調のポイントは「原子力」にあることは明らかでしょう。経済産業省資源エネルギー庁の一連の「エネルギー教育」に対する支援事業は、まさに「原発マネー」を使って、「原子力ムラ」のプロパガンダ団体にこれを委託して、学校現場で「エネルギー（環境）教育」という名目で、「原子力政策推進」のための「プロパガンダ」をさせようとしたものだったのです。

たとえば、「エネルギー教育実践校事業」の「事業の概要」を見てみると、その中の文章に、**この事業を受託者は、「エネルギー教育実践トライアル校・パイロット校」を選定し、「エネルギー教育を実践させる」**という表現があります。この「実践させる」という表現の中に、図らずも、この事業の意図が透けて見えてくるのではないでしょうか。すなわち、その学校の児童生徒が受けたい教育や、その学校の教師がやりたい教育ではなく、あくまでも、この事業を進めている受託者や経済産業省、さらには「原子力ムラ」の側が、「やりたい教育＝プロパガンダ」を、学校側に「させる」ものであることが、この表現に現れているのではないでしょうか。

この事業の受託者である「公益財団法人日本生産性本部・エネルギー環境情報センター」が、この「エネルギー教育実践トライアル校」を選定するときの条件が、平成21年に経済産業省資源エネルギー庁が作成した**『はじめてのエネルギー教育〜授業展開例集〜』**の学習テーマと内容に沿ってエネルギー教育の実践に取り組むことでした。確認はしていませんが、おそらく、この『はじめてのエネルギー教育～授業展開例集～』を実際に作成したのは、「公益財団法人日本生産性本部・エネルギー環境情報センター」だと思われます。そして、この同じ年に、「公益財団法人日本生産性本部・エネルギー環境教育情報センター」は、文部科学省と経済産業省資源エネルギー庁の委託を受けて、あの『わくわく原子力ランド』と『チャレンジ！　原子力ワールド』という二つの副読本を作成しているのです。

翌年に起きた福島第一原発の事故によって、この二つの副読本は回収を余儀なくされてしまいましたが、もし、あの事故がなければ、おそらく、この「エネルギー教育実践トライアル校」の選定する時の条件として、「この副読本を使った授業実践に取り組むこと」ということになっていたことは間違いないでしょう。

このような事から言っても、文部科学省や経済産業省、そして電力会社が、この間取り組んできた、学校現場への「原子力教育」「放射線教育」「エネルギー（環境）教育」などへの「教育支援」というのは、結局は、「電源三法」による「原発マネー」を使いながら、「原子力ムラ」の「プロパガンダ団体」による「プロパガンダ（広報宣伝）」を、学校現場に浸透させるということだったのではないでしょうか。

○ よみがえった「原子力ムラ」の「プロパガンダ団体」と「エネルギー環境教育」

二〇一一年の福島第一原発の事故以降、なぜかこの経済産業省資源エネルギー庁による「エネルギー教育実践校事業」は、その後継続されることなく、中断されてしまったようです。そして、その事業をスタート以来ずっと委託され続けていた「公益財団法人日本生産性本部・エネルギー環境教育情報センター」が、総力をあげて作成したと思われる児童・生徒向け「原子力副読本」もまた、本格的に活用される前に回収され、学校現場から「消えて」しまったのです。そして、さらに、この「公益財団法人日本生産性本部・エネルギー環境教育情報センター」自身もまた、なんと二〇一二年の三月末日をもって、「年度替りの組織改変のため」という理由によって、「日本生産生本部」の事業としては廃止されてしまったのです。このことは、「原子力ムラ」が進めてきた「エネルギー環境教育」にとって、福島第一原発の事故の発生が、いかに大きな衝撃であったかを示すものだと思います。

しかし、転んでもタダでは起きないのが「原子力ムラ」です。その年の六月、「**新・エネルギー環境教育情報センター**」という新たな活動組織が設立されたのです。その名称から言っても、明らかに「日本生産性本部・エネルギー環境教育情報センター」がやってきた事業・活動内容を、そのまま受け継ぐような「原子力ムラ」の「プロパガンダ団体」としての性格を持つ組織でありながら、ホームページ上に掲載されている組織の発起人・準備委員のメンバーは、すべて大学や小・中・高の教員のみで固められ、電力会社や原子力関連産業との関わりを示すような人物は一人も入っていません。そのように、極力「原子力ムラ」の色を隠しながらも、「設立趣旨」には、しっかりと「日本生産性本部・エネルギー環境教育情報センターの活動が本年3月末で終了となりましたことを受け、新たな活動組織として、新・エネルギー環境教育情報センターを設立いたします」と明記してあるのです。

そして、「新・センターでは、これまでの活動成果を継承しつつ、全国のエネルギー環境教育に取り組む個人、団体と緊密に連携し、学校教育の場における実践に役立つ支援を中心に、エネルギー環境教育のいっそうの普及、発展をめざし活動を展開してまいります」というような、設立趣旨に書いてある文章を読むと、以前にも増して「原子力ムラ」は、巧妙に、そして、いっそう直接的に、学校現場に対して「エネルギー環境教育」を「浸透」させようとする姿勢を強くしてきているように思えるのです。

第五章

原発と放射能をどのように教えるのか

1　変わらない学校現場と教師の「責任」

○ 変わったようには見えない教育と学校の現場

この三年の間、およそ二百五十回以上にわたって「原発出前授業」を道内各地で行ってきて、私が、本当に大きく変わったなと感じるのは、多くの市民の皆さんの「意識の変化」です。福島での原発事故以後、一般市民の皆さんの原発と放射能についての関心は否《いや》が応でも高まり、原発や放射能について「知りたい・わかりたい」という、市民の皆さんの「学びの要求」が、これほどまでに高まったことは、かつてないのではないでしょうか。

一方で、あれから三年経過しても、ほとんど変わったように見えないのは、この国の政府や官僚、電力会社や原子力産業の、いわゆる「原子力ムラ」の住民と呼ばれる人たちです。さすがに福島での原発事故の直後、しばらくはおとなしくしていましたが、一年も経たないうちに、またぞろ活発に動き始め、政権が自民党に戻ってからは、まるで福島での原発事故など無かったかのように、原発の再稼動をもくろみ、それだけでなく、海外にまで原発を輸出しようという勢いが、また戻ってきているように思われます。

そして、もう一つ、私自身がこれまで長年にわたって深く関わってきた、この国の教育と学校の現場もまた、あれから三年が経過しても、ほとんど変わったようには見えないのです。たとえば、この三年の間、本当にいろいろな団体や組織に呼ばれて、いろいろな場所で、いろいろな人たちの前で「原発出前授業」をやってきましたが、ただ、唯一その「壁」が高いと思われるのが「学校」でした。

ある時、ある小学校のＰＴＡ役員のお母さんから、その小学校のＰＴＡの研修会で、「放射能」について、わかりやすく教えてくれる「出前授業」をやってほしいとのリクエストを頂きました。私はすぐにお引き受けしたのですが、数日後、その小学校の管理職から、ＰＴＡ研修会での私の「放射能出前授業」の開催について、ストップがかかったという連絡が入りました。その理由はというと、「ピュアなお母さんたちが、放射能の話を聞いて、洗脳される恐れがあるから」だということでした。

最初にこの研修会を企画して、私にリクエストをくれた役員のお母さんは、どうしてもそのような学校の管理職の判断に納得が出来ず、「それならば、学校の外で、お母さんたちの自主的な学習会として、有志だけで集まってやるのはかまいませんか？」と、その管理職に聞いたところ、本当にホッとしたような顔をして、「それなら全然かまいません。

どうぞ、どうぞ」と言ったそうです。要するに、ＰＴＡの研修会で放射能の学習をすることが問題なのではなく、そのような研修会を学校の中で開催することで、外部から、その管理職に対して、文句やクレーム・抗議などがきたり、圧力などをかけられることを恐れているだけなのだと思われます。

またある時には、ある中学校の先生から、全校生徒、もしくは学年全員の生徒たちに、「総合学習」や「道徳教育」の特別授業の一つとして、私の「原発出前授業」を聞かせたいのですが、というリクエストを頂いたこともありました。ところが、この時もやはり、その先生が、学校の職員会議に提案したところ、管理職からストップがかかり、結局実現はしませんでした。この時の理由も、やはり「外部から何か言われたら大変だから」ということだったように思います。このように、この三年の間に、二百五十回以上も、いろいろな所で「原発出前授業」をやってきたのですが、どうも、「学校」には、まだ高い高い「壁」があるようです。

○　学校現場でなかなか広がらない「原発と放射能の授業」実践

そして、さらにこの三年の間、ほとんど変わっていないように見えるのは、そのような学校の中での教師たちの意識と行動です。私自身は、福島での原発事故以後、いち早く学校の中で「原発と放射能の授業」の実践に取り組みましたが、さぞかしそのような授業実践が、これからは全国各地の小・中・高での学校現場で、燎原の火のように広がっていくのではないかと期待をしていました。

しかし、この三年の間、全国の学校現場の様子を見てきましたが、学校の中で「原発と放射能の授業」実践に取り組んでいる、何人かの熱心な教師がいないわけではないのですが、その数はそれほど多くないように思われます。

また、私のように、学校の外に出て、「出前授業」のようなかたちで、市民に向けての原発や放射能の学習会の講師をやるような、現役もしくは退職した教師たちが、続々と現れてくるのではないかと期待していたのですが、これもまた、この三年の間、まったくいないというわけではありませんが、全国でもほんのわずかな数の教師たちしか確認できませんでした。

もちろん、教師たちの中には、一般市民と同様に、今回の福島での原発事故をきっかけに、原発や放射能について高い関心と問題意識を持ち始めた人たちも、少なからずいると思います。学校の「外」ではありますが、教職員組合を中心に、先生方の研修会や学習会で、私の「原発出前授業」が企画・開催されるということもよくあります。そこで感じることは、今の教師たちの中にも、原発や放射能について、高い関心と問題意識を持っていて、子ども（児童・生徒）たちに教えなければならない、伝えなければならないと思っている人たちは少なからずいるということです。しかし、現実には学校の中で、授業の中で、「原発と放射能」について実際に子どもたちに教えている、伝えている教師の数は、それほど多くはないようです。一体なぜ、学校の中での「原発と放射能の授業」実践は、広がっていかないのでしょうか。

その理由の一つは、先ほどの例の管理職と同じように、**学校の中で「原発と放射能の授業」を教えることへの「恐れ」がある**からではないでしょうか。学校の中で、授業の中で、「原発と放射能」を教えることによって、管理職から、あるいは外部から何か言われるのではないか、圧力をかけられるのではないかという「恐れ」が、教師たちに「原発と放射能の授業」に取り組ませることを、ためらわせているのではないでしょうか。そして、もう一つの理由としては、教師自身が「原発と放射能」について、「何を、どこまで、どうやって教えていいのかわからない」、もっと言えば、そもそも「原発と放射能」について、教師自身が「よく知らないし、よくわからない」ということもあるのではないでしょうか。

自校での「原発と放射能の授業」の風景（上）、理科研究会での「原発出前授業」の模様

○ 教育と学校の現場にいる者に「責任」は無いのか

前の章でも書きましたが、そもそも日本の学校教育の現場では、教師たちは「原発と放射能」について、この三十年余りの間、しっかりと授業の中で教えてはきませんでした。文部科学省が発行する「学習指導要領」や、それに基づいて発行される「教科書」の中にも、「原発と放射能」についての記述は、まったく無いというわけではありませんが、詳しく書かれるということはありませんでした。したがって、その「学習指導要領」に基づいて決められる各学校の「教育課程」の中にも、「原発と放射能」についての授業が、きちんと位置づけられることは、これまでほとんど無かったと言えるのではないでしょうか。ですから、これまで学校の中で、あえて「原発と放射能の授業」に取り組むような教師は、良く言えば「問題意識が高く、熱心な教師」であり、悪く言えば「もの好きな教師」だったと言えるでしょう。

けれども、学校の教師は、ただ文部科学省の「学習指導要領」に基づいた「教科書」に書いてあることだけを、学校の「教育課程」の枠の中だけで教えていればよいのでしょうか。たとえば、このたびのような福島での原発事故が起こり、大量の放射性物質が拡散して、多くの住民たちが被ばくし、避難を余儀なくされたというようなことについても、日本の教育や学校の現場にいる者たちには、まったく「関係」も「責任」も無いのでしょうか。

かつて、わが国が起こした太平洋戦争が、「敗戦」というかたちで終わった後に、戦前、教育や学校の現場にいた者たちの「責任」というものが厳しく問われました。あの愚かな戦争を始め、続け、そして日本を「敗戦」後の荒廃状態に陥れたのは、当時の日本の支配者たちであり、その「責任」は重大なものでした。一方で、当時の教育と学校の現場にいた者たちにおいても、子どもたちに軍国主義を注入し、戦争へと駆り立て、すすんで戦地に赴かせて、多くの尊い命を失わせていったという「責任」があったのではないでしょうか。だからこそ、戦後、日本の教師たちは、「教え子を再び戦場に送らない」と強く誓い、積極的に「平和教育」に取り組んでいったのです。

○　今、日本の教師たちがしなければならないこと

日本が約六十年前に、国策としての「原子力政策」を推進し始めてからも、少なくない数の人たちが、その危険性や欺瞞性を指摘し、いつか今回の福島での原発事故のようなことが起きることを想定し、予測し、警告してきました。にもかかわらず、私たち国民の多

くは、そのような声に真剣に耳を傾けることなく、この六十年間、国策としての「原子力政策」の推進によって、50基以上の原発を日本列島に建てることを、認めてしまってきたのです。今回の福島での原発事故が起きてしまったことには、当然ながら、これまで「原子力政策」を推し進めてきた政府や官僚や議員たち、電力会社や原子力産業などをはじめとした「原子力ムラ」の住民たちには、大きな大きな「責任」があると言えるでしょう。しかし、私たち多くの国民にも、このような状況に対して、「黙って認めてしまった」「何もしてこなかった」という、「**無作為の責任**」があるのではないでしょうか。

そういった意味で、日本の教育と学校の現場にいる者たちにも、子ども（児童・生徒）たちに、「原発や放射能」についての、正確な事実と真実を「きちんと教えてこなかった」ということ、いや、時には「真実を隠し、ウソを教えてきた」のかもしれないということについての「責任」があるのではないでしょうか。もし教師たちが、「いや、私は、ただ上から（文科省、教育委員会、管理職）から言われたことだけを教えてきた（教えてこなかった）だけだから、私には責任はない」というのであれば、それはナチス政権下、ヒットラーの命令に忠実に従い、数多くのユダヤ人を虐殺したアイヒマンの「弁明」と、なんら変わらないことになるのではないでしょうか。

教育公務員である教師は、「全体の奉仕者」なのであり、国民に対して直接責任を負って「教育」という仕事に従事しています。だから教師は、子どもたちのすこやかな成長と発達を保障するために、子どもたちに真実を教え、子どもたちの命と健康を守らなければならないと、私自身は先輩教師たちから教えられてきました。

もし、そうであるならば、**日本の教師たちは、この福島で起きた原発事故について、これがどうして起きたのか、どのようにして起きたのか、そして「原発と放射能」について、それがどのようなものであるのかという、「客観的な事実」と「科学的な真実」を、きちんと子ども（児童・生徒）たちに教え、伝えなければならない**のではないでしょうか。そして、今、放射能の危険にさらされている子どもたちの命と健康を守ることに、しっかりと取り組んでいかなければならないのではないでしょうか。そのようなことをしっかりと自覚することが、今、この国の教師であることの「責任」なのではないでしょうか。

2　教師が原発と放射能を教えることへの「見えない壁」

○「原発と放射能を教えても大丈夫なんですか？」

私が「原発出前授業」を始めるようになってから、しばしば聞かれるのは、「先生、そんなに派手に原発や放射能のことを、学校やいろんな所で教えても、大丈夫なんですか？」ということでした。そして、そのようなことを聞いてくる人たちの多くは、私の同業者、すなわち教師や元教師というような人たちでした。

おそらく、私が、これだけ派手に原発や放射能のことを学校の中や外で教えたり、語ったりすれば、管理職や教育委員会から何か言われたり、外部からの批判や抗議、クレーム、あるいは「いやがらせ」などが殺到するのではないか、ということを心配してくれてのことだと思われます。なにしろ、原発と放射能についての授業を、自分の学校で担当している科目の授業の中でやるだけでなく、学校の外にまで出かけて「原発出前授業」などということを始めた上に、新聞紙上に「原発出前授業」のことが紹介された時には、私個人のメールアドレスや携帯電話の番号まで堂々と記載してしまったので、多くの方々が、そのようなことを心配されるのは当然のことなのかもしれません。

けれども、これはまったく本当のことなのですが、私が「原発出前授業」を始めて三年経った今日まで、私に対しての、直接的な批判や抗議、クレーム、そして「いやがらせ」などは、ただの一度もありませんでした。

○「原発と放射能の授業」を管理職に説明する

ただ、二〇一一年の六月、地元の『北海道新聞』に、私の「原発出前授業」のことが初めて紹介された時には、勤務校の管理職（校長・副校長）から、この新聞報道についての事情を聞かれました。その時には、私自身が担当している科目「現代社会」での「原発と放射能の授業」についてと、学校外での「原発出前授業」の取り組みについての経緯を、管理職に詳しく説明させてもらいました。「現代社会」での「原発と放射能の授業」については、思いつきの投げ込みでも、突発的なものでもなく、文部科学省の学習指導要領に則った本校の地歴・公民科の年間指導計画に基づいて、「現代社会」の冒頭の単元である「現代に生きるわたしたちの課題」の中にある「資源エネルギー問題」を教えるためのテーマの一つとして、この「原発と放射能」の問題を取り上げていることを、きちんと説明させてもらいました。

さらに、学校の外で行っている「原発出前授業」についても、これはあくまでも市民に対しての私個人の「ボランティア活動」として取り組んでいるものであり、基本的に勤務時間外の土曜・日曜と放課後に行うということ、そして公務員であるので、基本的に交通費などの必要経費以外の「謝礼」は受け取らないでやっていることを説明しました。そして、この「原発出前授業」については、あくまで私個人の責任でやっているものであり、学校や管理職、教職員、生徒には絶対に迷惑がかからないようにやっていきますし、もし外部からなんらかの問い合わせ、もしくは批判、抗議、クレームなどがあった場合には、すべて私個人が引き受けますので、そのような時には必ず私に伝えてほしい、という旨をお願いしました。以上のような私からの説明を聞いて、管理職も、この授業について理解をして頂けたようで、これ以降、私に対して、この問題で何かを言ってくるということはほとんどありませんでした。そして、その後も、学校の方に、私の「原発出前授業」についての批判、抗議、クレームが直接来るというようなことは、ただの一度もありませんでした。

そして不思議なことに、この三年の間、私の「原発出前授業」について、これだけ派手に活動し、たびたび新聞にも紹介されたにもかかわらず、北海道教育委員会（以下、道教委）

小さな喫茶店での「原発出前授業」（上）、瀬棚町での「原発出前授業」（右下）、ライブ&トークでの「原発出前授業」

からは、一度も直接事情を聞かれるというようなことはありませんでした。ちょうど「原発出前授業」を始めて一年後の二〇一二年の五月に、ある全国紙に、私の「原発出前授業」のことが紹介された時、初めて道教委から勤務校の管理職（副校長）に問い合わせの電話が入ったようでした。この時に、副校長の方から私に対して、再度事情を聞かれましたが、副校長は「昨年、確認したとおりのことでいいですよね」ということで、直接副校長の方から道教委に報告・説明をしてくれました。そして、その後、道教委から再度、管理職や私の方に何かを言ってくる、ということはありませんでした。

○「見えない壁」は、私たち自身の「心の中」に

このように、私自身は、現在勤務している学校の管理職の寛容な「理解」に助けられているということがあるにしても、私が学校の中で「原発と放射能の授業」をやることと、学校の外で「原発出前授業」をやっているということについて、ただの一度も外部からの圧力、批判、抗議、クレーム、そして「いやがらせ」を受けたことが無いということは、やはりあの福島での原発事故以後、この世の中の流れ・風向きは、大きく変わっているのだということではないでしょうか。

福島での原発事故が起きる以前に、私自身が学校の中で「原発と放射能の授業」をやったり、学校の外で「原発出前授業」のようなことを取り組んだりしたならば、もしかすると外部からの圧力、批判、抗議、クレーム、そして「いやがらせ」などを受けたかもしれません。しかし、あきらかに福島での原発事故以後、世の中の流れ・風向きが大きく変わったように思います。私自身の学校の中での「原発と放射能の授業」と、学校の外での「原発出前授業」に対して、これほど多くの市民の皆さんが、その取り組みを認めてくれ、励ましてくれるようになっていることが、それを現しているのではないでしょうか。

しかし、それに比べて、この国の学校の中の、多くの教師たちの原発や放射能についての意識や行動は、福島での原発事故以後も、それほど大きく変わったように感じることが出来ないのは、私だけでしょうか。福島での原発事故以後、学校現場での原発と放射能についての授業実践が、それほどの広がりを見せていないことは、単に原発と放射能について、どうやって、どこまで教えてよいかわからないということもあると思いますが、それ以前に、**教師の側に、原発と放射能について学校で教えることについての「恐れ」や「ためらい」があり、そのことが授業実践への「見えない壁」になっている**ように思われるのです。そしてそれは、私自身に対する多くの教師たちの「大丈夫ですか？」という心配の声にも現れているような気がします。

おそらく、私と同じように原発と放射能について、学校で、子どもたちにしっかりと教えたい、伝えたいと思っている教師たちは、まだまだ沢山いるのかもしれません。しかし、同時にそのような教師たちの心の中に、学校の中で原発と放射能について語ったり、教えたりすると、管理職や教育委員会から圧力がかかるのではないか、外部から批判や抗議、クレームや「いやがらせ」が来るのではないかという「恐れ」があって、それが原発と放射能を学校で教えるということを「ためらわせて」いるのではないでしょうか。

けれども、この三年の間の私自身の経験が現しているように、そのような心配は、もうほとんど「杞憂」となっているのではないでしょうか。もしかすると、**原発や放射能を教えることへの「見えない壁」は、私たちの外にではなく、私たち自身の「心の中」にある**のかもしれません。

○ 原発と放射能についての「意見・見方」は本当に分かれているのか？

多くの教師たちが、原発と放射能を学校で教えることへ「恐れ」と「ためらい」を抱く理由の一つに、原発や放射能のような「社会的、政治的に意見・見方が分かれていること」

を、学校の授業の中で取り上げていいのか？　ということがあるように思います。

たしかに、福島での原発事故以前ならば、原発については「賛成派・推進派」と「反対派・廃炉派」というような意見や主張の対立や、放射能についても「安全・大丈夫」だという見方と、「危険・不安」だという見方が対立していたと言えるかもしれません。「現代社会」の教科書や資料集でも、この両方の立場や意見・主張を併記したり、これについて生徒たちに「ディベート」をさせるような授業実践も見られました。そして、このような「社会的・政治的に意見・見方が分かれていること」については、学校の教師は、どちらか一方の立場に立って、その意見や見方を主張したり、生徒に押し付けたりするような教え方は「偏っている」ので、出来るだけ避けるべきだ、というような考え方もありました。

しかし、福島での原発事故以後、このような原発や放射能についての見方や意見は、今、本当に「対立した二つの立場」に分かれていると言えるのでしょうか。福島での原発事故による悲惨で深刻な現実を目の前にして、もはや原発と放射能の危険性は、誰の目にも明らかになっているように思います。そして、国民の多くが、もうこれからは出来るだけ原発による発電に依存することは止めていき、それに替わるエネルギーへとシフトチェンジしていく方向性に向かってほしいと考えていることは、各種の世論調査の結果を見るまでもなく、すでに明らかなことではないでしょうか。すでに福島での原発事故当時の菅直人内閣では、「脱原発依存」への政府方針が示されていますし、そのような「脱原発」へのシフトチェンジの方向性は、わが国だけでなく、福島での原発事故の現実を目にして「脱原発」へ舵を切ったドイツをはじめとして、世界の多くの国々にも見られるようになっています。

そうした世界的な「脱原発」へのシフトチェンジの方向性の中で、もし意見・見方が分かれているとしたら、原発に依存しない「ゼロ」状態にもっていくスピードを、今すぐ「ゼロ」にしていこうとするのか、それともある程度時間をかけて段階的に「ゼロ」にしていこうとするのか、というくらいの「差違」でしか無いように思われます。

○「何も教えない」ことの「問題」と、「しっかりと教えること」の「責任」

東日本大震災と、それにともなって起きた福島での原発事故は、それ以後の、世界中の歴史教科書にも、必ず記載されるような「世界史的出来事」だと思います。これを、私たち大人だけでなく、子どもたちも含めた、全ての日本人が、同時代的に体験したのです。実際に、地震や津波を体験した子どもたち、そして原発事故の影響を直接に受けた子どもたちだけでなく、マスコミの報道や大人たちの会話などを通して、全ての子どもたちが、この福島での原発事故の出来事を体験しているのだと言えるでしょう。

この福島での原発事故と、その後の出来事についての体験の意味を、私たち大人は、そして特に学校の教師たちは、子どもたちにしっかりと語り、教えていかなければならないのではないでしょうか。**もし教師が、これまでのように原発と放射能について、子どもたちに、これを語り教えることを「恐れ」、そして「ためらい」続けて、何も語らず、何も教えなければ、むしろ、そのことの方が大きな「問題」である**ように思います。

もはや、三・一一以後、世界は大きく変わっているのです。福島での原発事故によって、原発と放射能の危険性については明白であり、もはや意見や見方が大きく対立しているなどということは言えないのではないでしょうか。教師は、学校の中で原発と放射能のことを語り、教えることに、恐れること、ためらう必要は、もう無いように思われます。

教師が原発と放射能のことを教えることをためらう「見えない壁」は、私たち教師自身の「心の中」にあるのです。福島での原発事故後という今だからこそ、教師には、学校の中で、子どもたちに原発と放射能のことをしっかりと語り、教えていかなければならないという、大きな大きな「責任」があるように思うのです。

3　原発と放射能をどう教えればよいのか

○ 教師は原発と放射能をどう教えてきたのか

これまで、わが国の学校教育の中では、原発と放射能についての内容は、主に中学校、高校の理科・社会科などで扱われてきました。しかし、文部科学省の「学習指導要領」においては、原発や放射能についての記述も少なく、教科書にもそれほど多くの内容について書かれてはありませんでした。したがって、それらの教科の年間指導計画の中でも、指導時間数の割り振りも少ないか、あるいはまったく扱わないという学校や教師も多かったように思います。小学校においては、原発や放射能について、理科・社会などでも「学習指導要領」にはほとんど記述はなく、総合的な学習の時間などで、エネルギー問題や環境問題として、この原発と放射能についての内容を取り上げることもできますが、実際に実践する学校・教師はあまり多くはないようです。

このように学校や教師が、原発と放射能の内容を教えることに、あまり積極的ではないことの理由は、単に、学習指導要領や教科書での扱いが少ないというだけでなく、原発や放射能というような、政治的に問題となっていること、対立や論争があるような内容を、学校の、自分の授業の中では、出来れば避けたい、教えたくないということもあると思われます。反対の立場から、あるいは賛成の立場から、いずれの立場から教えても、片方からの批判・非難が来るかもしれないという「恐れ」から、教えることを「ためらう」教師が多いのではないでしょうか。もし教えたとしても、反対と賛成、どちらの側の立場の主張も、公平に教えるという「両論併記」で、あくまでも自分は「中立」の立場に立っているという教え方をする場合が多かったのではないでしょうか。

○「両論併記」は「中立」なのか？

このように、教師が、「短所と長所」「賛成意見と反対意見」の両方を、「両論併記」というかたちで、生徒に提示して、教えようとすることは、かならずしも教師が「中立」という立場に立って教えているとは言えないのではないでしょうか。しかし、現実には、多くの教師たちは、「原発」や「原子力エネルギー」について、これらを授業で教える時に、どちらか一方の立場に立って教えると、それは「偏向」していると見られるのではないかということを「恐れ」て、授業では最初から、このようなことにはあまり触れないか、触れたとしても「短所も、長所も」「賛成論も、反対論も」というような「両論併記」で教えて、自分はあくまでも「中立」の立場に立っているという姿勢を取っていることが多かったように思われます。

しかし、**「両論併記」で教えるということは、けっして教師が「中立」の立場に立っているということではなく、このような意見や主張が対立するような問題に対して、教師は「いずれかの立場に立つ」ということを「判断しない（判断回避）」という姿勢を示しているだけになる**のではないでしょうか。そうなると、今、社会の中で意見や見解が対立している問題については、児童・生徒たちには「なにも判断させない」ほうが良いということになり、結果的に、このような問題については「なにも判断しない（判断回避）」ことの方が良い、ということを児童・生徒たちに教えてしまうことになるように思われます。

結局、このような教師の側においても、児童・生徒の側においても、原発や放射能というような意見や主張が対立している問題については「なにも判断しない（判断回避）」ことが、「原子力政策」や「原発の建設・稼動」を推進する側である「原子力ムラ」にとっては、一番都合が良かったように思われます。

「原子力政策」や「原発の建設・稼動」を推進する側である国や電力会社、原子力産業などの「原子力ムラ」の人々は、圧倒的な「権力」と「財力（マネー）」を持っています。彼らは、この圧倒的な「権力」と「財力（マネー）」で、この五十年以上にわたって「原子力政策」や「原発の建設・稼動」、それについての「プロパガンダ（広報宣伝）」を強力に推し進めてきたのです。そして、そのような「原子力ムラ」からの「プロパガンダ」は、いつの間にか学校現場にも、しっかりと浸透してきていたのでした。

○原発と放射能の「正しい知識」を「知る・理解する」ことは「賛成する」こと？

前章まで見てきたように、「原子力ムラ」が学校現場で推し進めようとしてきた「プロパガンダ」の特徴は、原発と放射能についての「正しい知識」を、児童・生徒たちに「知らせる」「理解させる」ということでした。そして、児童・生徒たちが、原発や放射能についての「正しい知識」を「知り・理解する」ことになれば、必ずや児童・生徒たちは「原子力政策」や「原発の建設・稼動」について、これを支持し、賛成してくれるはずだというものでした。

「原子力ムラ」の立場からすると、国民・市民・住民が「原子力政策」や「原発の建設・稼動」に「反対する」のは、原発や放射能についての「正しい知識」を「知らない」からであり、「理解していない」からだとされるのです。原発や放射能についての「正しい知識」を「知らない・理解していない」から、原発や放射能について「不安・恐怖」を抱き「反対する」のだから、これを「知り・理解する」ことによって、「安心する」ようになり、「賛成する」ことになるはずだというのです。

けれども、原発や放射能についての「正しい知識」を「知り・理解する」ことによって、原発や放射能に「反対する」ことになるということも、十分ありえるし、考えられるのではないでしょうか。最初から、原発や放射能についての「正しい知識」を「知り・理解する」ことになれば、必ず「賛成する」ことになるはずだというのは、児童・生徒の「思考や判断」を最初から決まった方向に「誘導」することであって、児童・生徒たちの主体的な「思考や判断」を保障し、担保していることにはならないのではないでしょうか。それは、「教育」というより、むしろ「プロパガンダ」と呼ぶべきものだと思います。

○ 原発と放射能の「科学的な真実」と「客観的な事実」を教える

しかし、同様に、原発と放射能の「正しい知識」を、児童・生徒たちが「知り・理解する」ことで、「原子力政策」や「原発の建設・稼動」に「反対する」というところに、大人や教師たちが、児童・生徒たちの「思考・判断」を「誘導」しようとしていくことも、やはり「プロパガンダ」であると言えるかもしれません。

だからと言って、大人や教師たちが、「反対」と「賛成」の「両論併記」で、両方の立場・主張を並べ、どちらの立場にも立たないという「中立」の立場を装って、結局は「なにも判断しない」ということを、児童・生徒たちに教えてしまうということもダメだと思います。では、一体、大人や教師たちは、この原発と放射能についての「正しい知識」を、どのように児童・生徒たちに教えればよいのでしょうか。

まずは、**大人や教師たちが、児童・生徒たちに、この原発や放射能の問題について、主体的に「思考・判断」出来ることを、しっかりと保障（担保）することだと思います。その上で、子どもたちが思考・判断するために必要な、原発と放射能についての「正しい知識」を、しっかりと教えること**だと思います。

ここで重要なことは、原発と放射能についての「正しい知識」というのは、「賛成する」ことに「誘導」するものであっても、「反対する」ことに「誘導」するものであってもならないということです。あくまでも、原発と放射能について、児童・生徒たちが主体的に「思考・判断」することが出来るようにするための、必要不可欠となる「正しい知識」でなければならないと思います。

原発や放射能について、これを教える大人や教師の側の「憶測」や「願望」ではなく、あくまでも「科学的な真実」と「客観的な事実」に基づいた「正しい知識」でなければならないと思います。それは、単に「教科書的な知識」ということだけでなく、三・一一以後に福島で起きたこと、そして今福島で起こっていること、さらに三・一一以前に世界各地で起きていたこと（スリーマイル島原発事故やチェルノブイリ原発事故の事実）、そして原爆から始まる核開発と核利用の歴史、核のゴミと自然エネルギーのこれからの問題等々といったような、「科学的な真実」と「客観的な事実」をしっかりと踏まえたものであるべきだと思います。

その中には、必ずしも学問的にも、政治的にも「正解」が定まっていない問題――「争点」（いくつもの見解があるもの）となっているものもあると思います。**大人たちの間でも、未だに「正解」が定まっておらず、「争点」となっているものについても、児童・生徒たちに、しっかりと示すべきだ**と思います。なぜなら、児童・生徒たちは、いずれ大人になった段階で、その問題について考え・判断しなければならないからです。児童・生徒たち自身が、この原発と放射能の問題について、どう考え、今後、自分たちが、どのような社会・未来を選択するのかという価値選択的な課題について、しっかりと考え、判断するために必要な「科学的な真実」と「客観的な事実」を、大人や教師たちは、きちんと教えていく必要があるように思います。

○ 児童・生徒たちに「思考・判断」「論議・選択」出来る力を育てる

大人や教師たちが、児童・生徒たちに教える原発や放射能について「正しい知識」というのは、単に「教科書的な知識」だけでなく、彼らが主体的に「思考・判断」するために必要な「科学的な真実」と「客観的な事実」に基づいたもの、さらには大人たちの間でも「争点」（いくつもの見解があるもの）となっていることが含まれていなければならないと思います。しかし、そのためには、児童・生徒たちが、このような「正しい知識」をもとに、主体的に「思考・判断」することが出来るための「思考力」や「判断力」、さらには、このような問題についてお互いに「論議する力」や、自分たちの生きていく社会や未来の在り方を「選択できる力」を身に付けていくことが必要なのではないでしょうか。

原発や放射能の問題については、単に「知識の取得」だけでなく「思考力・判断力の育成」も重要であることは、文部科学省自身も、「科学的根拠に基づいて正しく理解し、判断できる力」を身につけるために、「自ら考え、判断する力を育むこと」が大切である、というように指摘しています。『中学校学習指導要領解説理科編』（２００８年度）においても、「指導に当たっては、設定したテーマに関する科学技術の利用の長所や短所を整理させ、同時には成立しにくい事柄について科学的根拠に基づいて意思決定を行わせるような場面を意識的につくるようなことが大切である」というような記述を見ることが出来ます。

このように、**原発や放射能の問題については、児童・生徒たちが主体的に「思考・判断」出来る「力」を育てること、さらには、これを「論議する力」「選択する力」を身に付けさせることが、きわめて重要なことである**ように思います。

では、一体、どうやって大人や教師は、児童・生徒たちに、このような「思考力」「判断力」、さらには「論議する力」「選択する力」を教え、育てていけばよいのでしょうか？

それには、**まず大人・教師である自分たち自身が、実際に、この原発と放射能の問題について、しっかりと主体的に「考えている姿」「判断している姿」を、児童・生徒たちに見せてあげること**だと思います。どんなに優れた野球のバッティング技術も、言葉と理論だけで教えるよりも、一番良い指導方法は、実際にそれを目の前でやって見せてあげることなのではないでしょうか。水泳の技術を教えるために、教室で教科書を使って教えるより、まずは、一緒に水の中に入って、泳ぐ姿を見せることが一番なのではないでしょうか。
ただ、ここで注意しなければならないのは、実際にやって見せた大人や教師たちと、まったく同じように「考え・判断する」ことを、児童・生徒たちに「誘導」したり、「押し付け」たりしてはならないということです。かならずしも、目の前の大人や教師たちの「考え・判断」が、唯一「正しい考え・判断」であるとは言えないからです。あくまでも、最終的には、児童・生徒たちが主体的に、この原発と放射能の問題について「考え・判断する」ことを保障するものでなければ、それは「教育」ではなく、「プロパガンダ」になってしまうからです。

大人や教師たちが、原発や放射能について、これを児童・生徒たちに教えるということは、単に「教科書的な知識」を習得させるということだけでなく、彼らが主体的に「思考・判断」するために必要な「科学的な真実」と「客観的な事実」を、しっかりと教えるということでなければなりません。さらには、児童・生徒たちが、そのような主体的な「思考・判断」が出来るような「力」を育てていくことが出来るように、まずは大人や教師たち自信が、この原発と放射能の問題について主体的に「考え・判断」している姿を、児童・生徒たちに見せていくことだと思います。それは、児童・生徒たちに、大人や教師と同じような「思考・判断」をすることを求めるものではなく、あくまでも、児童・生徒たちが主体的に思考・判断することを保障、担保した上で、大人、もしくは教師である私自身は、このように考え・判断するが、君たち自身は、どのように考え、判断するだろうか？　というような「問いかけ」であり、それは「**指導**」**というよりは、むしろ**「**思想的な対話**」のようなものであるように思うのです。

4　「市民（シティズンシップ）教育」としての原発と放射能の授業

○「日本は本当に「民主主義」の国なのですか？」

一昨年の秋頃に、札幌に在住されている外国人の方々を対象とした「原発出前授業」をやったことがあります。一通りの授業が終わった後、参加者のお一人の方が手を上げて発言されました。すべて英語で話されたので、すぐにはその方が何を言っているのかは、わかりませんでした。ただ一つだけ、私でも、はっきりと聞き取れて理解できたのは、「日本は本当に民主主義の国なのですか？」というところでした。

それは、私が「原発出前授業」の中で紹介した、文部科学省や政府がＳＰＥＥＤＩ（緊急時迅速放射能影響予測ネットワークシステム）による放射能拡散のデータを、国民に対して50日以上も、ほとんど明らかにせず、多くの住民たちがしなくてもよかった「被ばく」をしてしまったことについての発言でした。

さらにこの方は、「なぜ日本国民は、もっと怒らないのか？　なぜ、もっと公的な場面で、このことが大きく問題とされ、論議されないのか？」とも発言していました（あとで通訳されてわかったのですが）。

このＳＰＥＥＤＩの情報公開の問題だけでなく、政府も東電も、原発や放射能に関して、国民に正しい情報を、迅速に伝えるということはせずに、むしろ「ごまかし」や「ウソ」を重ねながら、何日も後になってから、ようやく本当のことを伝えるということを繰り返してきました。

これに対して、ほとんどのメディアがこれを大きく報じることもせず、これを問題として厳しく追及することもなく、また多くの国民自身が、これを問題として激しく怒ったり、糾弾するというようなことも、あまり見られませんでした。

原発事故から二年以上が経ち、多くの国民の間にも「脱原発！」の世論が盛り上がり、「再稼働絶対反対！」の声が湧き上がってきているにもかかわらず、政府はそれを無視するかのように、原発の「再稼働」に踏み切ろうとしています。それどころか、こんな危険な「原発」を、海外に輸出しようとまでしているのです。このような状況を見ていると、本当に日本という国は民主主義の国であるのかどうか、外国人でなくとも、疑問に思うのではないでしょうか？

○ 私たちは「民主主義」を教えてきたのか？

よく、労働相談を担当している社会保険労務士さんや弁護士さんたちから、学校では「労働の権利」について、ちゃんと教えているのですか？　と聞かれることがあります。残業手当が支払われなかったり、いきなり解雇されたりして、労働相談の窓口にくる若者たちの多くが、自らが持っている「労働の権利」について、ほとんど知らないという現実に驚いて、私たち教師に、そう聞いてくるのだと思います。しかし、実際には学校で、「労働の権利」については、中学校でも高校においても、社会科（公民科）の授業で、きちんと教えているはずなのです。

にもかかわらず、多くの若者たちが「労働の権利」について知らないのは、「教えられていない」からではなく、「教えられていたのに、忘れてしまった」、もしくは「教えられていたことが、現実の自分の置かれている状況と結びつかなかった」のだと思います。それは、「労働の権利」だけでなく、「民主主義」や「国民主権」「基本的人権」といった言葉についても、それと同様になっているのだと思われます。つまり、**私たち教師は、「民主主義」というような言葉を、ただ教科書にのっている言葉・知識として教えてきたのであって、それが、彼ら自身の将来の人生や生活に結びつく言葉・知識としては、しっかりと教えてこなかった**のではないでしょうか。

私たち教師は、「民主主義」を、「言葉」や「知識」としてだけは教えてきたが、「民主主義」の主体的な担い手である主権者として、これを「生かしていく」「活用していく」ようなものとしては、これを教えてこなかったのではないでしょうか。それは、例えて言うと、自動車のエンジンの仕組みや部品の名称を知識としては教えても、自動車の運転の方法を教えていないようなものではないでしょうか。結局、彼らは（そして私たちも）、「民主主義」という車を、自ら運転することが出来ずに、タクシーやバスのように、「誰か」に運転してもらい、ただ乗せてもらっているだけなのではないでしょうか。

○ 学校は「民主主義」を教えるところではなくなった？

よく「地方自治」は「民主主義の学校」だと言われます。けれども、**本当は、「学校」こそが「民主主義の学校」でなければならないはずです。そして、「学校」こそが、「民主主義」の主体的な担い手である主権者（すなわち市民）を育てるところでなければならないはずなのです。**そういう役目を担って、戦後の日本の学校というものはスタートしたのではなかったのでしょうか。子どもたちは、「学校」で「民主主義」を学ぶことによって、主権者として育ち、「民主主義」の主体的な担い手となっていくはずだったのです。ところが、どこかで日本の学校は、道を間違えてしまったような気がします。いつの間にか、かならずしも、「学校」が「民主主義」を教えるところでは、なくなってしまったような気がするからです。

いつからか「学校」とは、教科書に書いてある「言葉」や「知識」だけを身に付け、その記憶量を計って、生徒たちに格差をつけ、競争させて選別していく所になってしまいました。そして、大人（教師）の言うことを素直に聞いて、決してさからうことなく、決まりをきちんと守って行動出来る人間になるように教えていく所になってしまったのではないでしょうか。日本の学校が、そのような教育にどれだけ成功しているかどうかは、わかりませんが、少なくとも、「民主主義」を教える所ではなくなったような気がするのは私だけでしょうか。

○「原発と放射能」の問題から「民主主義」を学びなおす

日本は曲がりなりにも「民主主義」の国家であることを「憲法」に明記し、「民主主義」的な様々な「制度」を持っている国です。したがって、私たち国民一人ひとりは、この「民主主義」という「制度」を、主体的に担っていく主権者でなければならないはずです。しかし、そのためには「民主主義」についての「知識」を持っているだけでなく、「民主主義」の「制度」を動かすための「力」を身に付けていなければなりません。

では、そのような「力」を、日本国民は、どこで身に付けなければならないのでしょうか？　もちろん、本来なら、それは「学校」で身に付けるべきものなのでしょう。しかし、現在の「学校」にそのことを期待することはなかなか難しいことのように思われます。けれども、「民主主義」というものは、必ずしも「学校」だけで学ぶものではありません。かつて、そして今も、人々は「民主主義」というものを、現実の社会の様々な所、様々な場面で学んでいき、そして作り上げていったのではないでしょうか。そして今、日本国民の中に、新しい「民主主義」に向けての自覚と動きが表れてきているように思います。

それは、毎週のように国会や首相官邸の周囲に集まってくる人たちの姿や、全国各地での脱原発のデモ行進や集会に集まる人々の姿の中に見ることが出来るのではないでしょうか。今回の原発事故によって、私たち国民は、この「原発」が、まったく「民主主義」的では無いプロセスで進められたことに気が付きました。そして、そのことを自分たちで互いに学び合い、伝え合い、語り合い、集い合ってきているのです。今、原発と放射能について学ぶということは、単に知識や情報を身に付けるということだけでなく、私たち国民が、その行方《ゆくえ》について互いに「論議」し、この国のあり方や行方について、どのような「選択」を行うかを考えることにつながっているのです。そういった意味で、今、「原発と放射能の授業」を学校の内で、そして外で進めていくことは、この国における、新しい姿の「市民」になるための「教育」である、「市民（シティズンシップ）教育」になっていく可能性があるのではないかと思います。

○「市民（シティズンシップ）教育」としての「原発と放射能の授業」を

三・一一以後の福島第一原発で起こったことによって、「原発事故」がもたらす問題の大きさと、事の重大さが改めて明らかになりました。そして、これほど重要な問題であるにもかかわらず、これまで国民に対して、原発や放射能についての、しっかりとした知識や情報が与えられていなかったことも明らかになりました。そして、三・一一以降になっても、政府や電力会社からは、あいかわらずきちんとした情報は、国民には伝えられていないように思われます。

今、必要なことは、原発と放射能についてしっかりとした知識と情報を国民に伝えることではないでしょうか。特に、これから長期にわたってこの原発と放射能の問題に向き合わざるをえない子どもたちには、彼らがしっかりと理解出来るようなかたちで、この原発と放射能の問題についての「科学的な真実」と「客観的な事実」に基づいた正確な知識と情報を伝え、教えていかなければならないのです。そして、子どもたちがこれからこの原発と放射能の問題に対して、国民として、市民として、しっかりとした「論議」と「選択」が出来るような政治的な教養と判断力を身につけさせていかなければならないのです。

「原子力政策」と「原発の建設」については、戦後一貫して、これが「国策」として政府（自民党）と電力会社・原発関連産業が一体となって推し進められてきたという経緯があります。そして、この問題については、個々の原発建設をめぐっての論議や対立はあっても、国民全体としてこれを論議・検討して、それを政策として進めるかどうかの選択について、民主主義的に、きちんと民意を問われたことはないのです。つまり「原子力政策」を推し進めることについては、国民にとって、最初から「論議」や「選択」の余地はなかったのです。それは、なぜでそうであるかについては、いろいろと論議があるでしょうが、結論から言えば、そのような「論議」や「選択」の機会を与えることは、原発を推し進める側からしてみれば、明らかに「やりにくくなる」ことであると考えたからでしょう。

結果として、今回のようなことが起きてしまったのは、これまで原発と放射能について、国民に正確な知識や情報が与えられていなかったこと、これを政策として進めることについての国民的な「論議」と「選択」の機会を、ほとんど与えられなかったことがあるのではないでしょうか。今、必要なのは、まずは国民（とりわけ子どもたち）に対して、原発と放射能についての「科学的な真実」と「客観的な事実」に基づいた正確な知識と情報を与えること、そしてそれをしっかりと「論議」し「選択」が出来るような政治的教養と判断力を育てていくこと、さらにそのような「論議」と「選択」の機会をしっかりと与えることではないでしょうか。

　これから、「原発と放射能の授業」を行っていくということは、子どもたちに原発や放射能についての「科学的な真実」と「客観的な事実」に基づいた正しい情報と知識を身に付けさせるだけでなく、同時に、**しっかりとした「論議」と「選択」が出来るような政治的教養と判断力を育てて、「民主主義」の主体的な担い手としての主権者（すなわち市民）となるような教育にしていかなければならないでしょう。**そういった意味で、これからの「原発と放射能の授業」は、国民・市民として必要不可欠な「民主主義」を学ぶための「市民（シティズンシップ）教育」として、しっかりと確立されていく必要があるように思います。

5　「市民」が「市民」になるための「市民（シティズンシップ）教育」へ

○　二百五十回を超えた「原発出前授業」と市民の関心の「高さ」

　二〇一一年五月から始めた私の「原発出前授業」も、二〇一三年の十二月末までに、すでに二百五十回を超えてしまいました。今のところ「原発出前授業」は、私が住んでいる北海道内を中心にしての実施ですが、北は稚内《わっかない》から、東は釧路《くしろ》、そして南は函館《はこだて》まで、本当に全道各地いろいろなところで開催させて頂いています。会場は、公民館や区民センター、学校のような公共施設だけでなく、小さな喫茶店やカレー屋さんでやることもあります。参加者は、小学生の子どもから高齢者の方々まで、年齢も職業も、じつに様々です。これまでに、およそ延べで一万三千人を超える市民の皆さんが、私の「原発出前授業」に参加したことになります。

私の「原発出前授業」を企画・主催してくれる人たちも、じつに様々です。脱原発に取り組んでいる市民グループだけでなく、環境問題や教育、福祉、人権問題などに取り組んでいる市民グループやサークル、労働組合などの学習会・研修会などが多いですが、特にお母さん方の「放射能」への関心の高さからでしょうか、保育園・幼稚園の父母会などにもよく呼ばれます。ちょっとめずらしいところでは、キリスト教や仏教の関係者の学習会や、企業の社員研修などに呼ばれることもあります。

この二百五十回を超える「原発出前授業」をやってきて、私が、本当に強く感じることは、**市民の皆さん方の原発と放射能についての関心の高さと、それについて「知りたい・わかりたい」という強い思い**です。今回の福島第一原発の事故と、それ以後の日本の原発と核エネルギーをめぐる様々な問題は、これに対する国民の高い関心を呼び起こし、連日

上から、長沼町（中左）、倶知安《くっちゃん》町（中右）、清田区民センターでの「原発出前授業」

新聞やテレビでも取り上げられ、大きく報道されていました。しかし、事故から三年も経ち、次第にこれらの問題が新聞やテレビで取り上げられることも少なくなり、その扱いも小さくなってきています。しかし、私自身への「原発出前授業」の注文は、あいかわらず減ることもなく、これから二カ月先までのスケジュールが決まってきています。このようなことからも、市民の皆さん方の原発と放射能への関心は、低くなっているどころか、むしろ新聞やテレビが報道しない分、「一体、今原発と放射能はどうなっているんだ？」という、「知りたい・わかりたい」という強い思いが、ますます高まっているような気がします。

○「もうだまされたくない」という強い思いと「学びの要求」

もう一つ、各地で「原発出前授業」をやってきて感じることは、市民の皆さん方の「もうだまされたくない」という強い思いです。三・一一以後、私たち国民が気づいたのは、国も電力会社も、そして新聞もテレビなどのマスメディアも、今回の原発事故について、出来るだけ小さく見せようとしたり、事実を隠したり、ごまかしたり、ウソをついていたということでした。そして、それは、今に始まったことではなく、この六十年の間、日本の原子力政策を推し進めてきた「原子力ムラ」の人たちによって、ずっと行われてきたことだったのです。この六十年間、原発と放射能についての「本当のこと」は、国民に対して、隠され、ごまかされ、ウソをつかれてきたのです。三・一一以後、このことに気がついた多くの市民の皆さん方が、今、原発と放射能の「本当のこと」について、自ら「知りたい・わかりたい」、そして「もうだまされたくない」と、強く思い始めているのではないでしょうか。

二百五十回を超える「原発出前授業」を通して、私自身が感じてきたのは、このような市民の皆さん方の原発と放射能についての高い関心と、「知りたい・わかりたい」、そして「もうだまされたくない」という強い思いです。このような私自身の体験から言えることは、あの三・一一の出来事をきっかけにして、今この日本で、市民たちの間で、原発や放射能についての、自主的、主体的な「学びの要求」が高まっているのではないかということです。学校で習ったことや新聞やテレビが伝えることをただ鵜呑みにするのではなく、自ら色々な本を読んだり、インターネットで情報を集めたり、私の「原発出前授業」のような学習会や研修会に参加して、積極的に原発と放射能について、自主的・主体的な「学ぶ市民」となることで、同時に「だまされない市民」「かしこい市民」になろうとしている市民が、確実に増えてきているように思われます。私の**「原発出前授業」は、ある意味で、そのよ**

チ・カ・ホ（札幌駅前通地下歩行空間）での 100 回記念の「原発出前授業」

うな市民たちの間に、今、高まってきている「学びの要求」に応えるための、「市民による、市民のための学びの場」になっているのではないでしょうか。

○「市民」が「市民」になるための「市民（シティズンシップ）教育」とは

今、「子ども（児童・生徒）たち」を「市民」に育てるための「市民（シティズンシップ）教育」の重要性が語られ、様々な所で論議されています。しかし、そのほとんどが学校教育の現場における「市民（シティズンシップ）教育」とは何か？　これを学校教育の現場でどのように進めていくのか？　というものであり、「市民」が「市民」になるための「市民（シティズンシップ）教育」とは何か？　とか、これを学校の外でどのように進めていくのか？　ということについては、あまり語られることは多くないように思われます。

学校の外での「市民の教育・学習」は、これまで主に「社会教育」だとか、「生涯学習」というような言葉で語られてきました。具体的には地域の公民館や生涯学習センターなどの公共施設での市民向けの学習講座・公開講座や研修会・講演会、市民団体や市民サークルなどの学習活動、あるいは保健センターでの母親講座などが思い浮かびます。この他にも、企業内などで取り組まれている社員研修、社内研修なども考えられます。

しかし、このような学校の外での「市民」の「教育・学習」のほとんどは、一般教養的なもの、趣味的なもの、実用的なもの、すぐ役に立つもの、というようなものばかりであり、「市民」が「市民」になるため、すなわち「市民」が民主主義の社会の主体的な担い手である「主権者」としての「市民」になるための教養や判断力を育てるようなものは、あまり多くないように思われます。

　では、「市民」は、どのようにして民主主義の社会の主体的な担い手である「主権者」としての「市民」になるための教養と判断力を学び、身に付けていくのでしょうか？

本来であれば、学校教育の現場において、「子ども（児童・生徒）たち」に対して、将来、民主主義の社会の主体的な担い手である「主権者」としての「市民」になるための教養と判断力を、しっかりと学ばせ、身に付けさせなければならないのだと思います。そのためにも、教育基本法第14条に「良識ある公民として必要な政治的教養は、教育上尊重されなければならない」と明記されているように、しっかりとした「政治教育」を、学校教育の現場においても実施していかなければならないのです。

　けれども、同じ教育基本法第14条の2項では、「法律に定める学校は、特定の政党を支持し、又はこれに反対するための政治教育その他政治活動をしてはならない」として、教育の政治的中立性が定められていることから、学校教育の現場では、逆に「子ども（児童・生徒）たち」に対して「政治教育」を積極的に進めることに躊躇し、むしろこれを避けてきた傾向があったのではないでしょうか。このような「政治教育」を、学校教育の現場で中心的に担うのは、おそらく社会科（地歴・公民科）なのですが、そこでの「政治教育」は、もっぱら「政治」についての「知識・概念」を教えることが中心となり、将来の「主権者＝市民」としての教養と判断力を養うようなものには、なかなかなっていないのが現状なのではないでしょうか。

○「市民（シティズンシップ）教育」から「市民（シティズンシップ）学習」へ

本来ならば、学校教育の現場において、しっかりとした「政治教育」が行われ、将来、民主主義の社会の主体的な担い手である「主権者」としての「市民」になるための教養と判断力（市民性＝シティズンシップ）を身に付けさせなければならないのであり、だからこそ「**市民（シティズンシップ）教育**」の重要性が指摘されているのです。しかし、残念ながら、今の日本の学校教育の現場では、かならずしも、このような「子ども（児童・生徒）たち」を「市民」に育てるための「市民（シティズンシップ）教育」が、積極的になされているようには思えません。では、もしも、日本の学校現場で、「子ども（児童・生徒）たち」に、将来の「主権者」としての「**市民性**《シティズンシップ》」を十分に身に付けさせていないとしたならば、一体、日本の「子ども（児童・生徒）たち」は、どこで、どのように将来の「主権者」としての「市民性《シティズンシップ》」を身に付けていくのでしょうか。

先ほども指摘したように、学校の外の「社会教育」や「生涯学習」と呼ばれるような領域での「市民」のための「教育・学習」の場においても、民主主義の社会を主体的に担う「主権者」としての「市民性《シティズンシップ》」を育てるような「政治教育」が、積極的になされているようには見えません。学校教育の現場でも、しっかりと身に付けさせられず、社会に出ても、これを学ぶ機会がほとんどないとしたら、一体私たちは、どこで、どのようにして「主権者」としての「市民性《シティズンシップ》」を身に付けていけばよいのでしょうか。

「子ども（児童・生徒）たち」は、学校を卒業して、社会に出て、「市民」になることによって、そのまま「主権者」としての「市民性《シティズンシップ》」が身に付いていくわけではありません。それは、やはり「学ぶ」ことによって、身に付けていかなければならないと思います。おそらく、ほとんどの大人たちは、社会に出て、「市民」としての日常的な社会生活の中での、様々な機会に、そのような「主権者」としての「市民性《シティズンシップ》」を「学び」、身に付けていっているのだと思います。しかし、それは、学校教育のように、明確に「カリキュラム化」されているものではなく、学習する機会についても個人差があるでしょうし、新聞やテレビなどのマスメディアの影響を受けやすいということもあると思います。

今、求められているのは、学校教育の現場における「市民（シティズンシップ）教育」だけでなく、学校の外において「市民」が「主権者」としての「市民性《シティズンシップ》」を、しっかりと「学び」、身に付けていくことが出来るような「市民（シティズンシップ）教育」なのではないでしょうか。そしてそれは、**だれかが、なにかを、意図的に「市民」に向けて「教育」しようとするようなものではなく、「市民」自身が、自らの主体的な「学びの要求」に基づきながら、「市民」たち同士が互いに「学び合う」ようなもの**でなければならないでしょう。そういった意味で、この「学び」は、「市民（シティズンシップ）教育」というより、むしろ「**市民（シティズンシップ）学習**」と呼ぶようなものであるように思われます。

今、私自身が行っている「原発出前授業」に見られるような、「市民」たちの原発と放射能についての自主的・主体的な「学びの要求」の高まりと、市民たち同士の「学び合い」の姿の中にも、このような「市民（シティズンシップ）学習」ともいうべき、新しい「市民の学び」の萌芽が現れてきているように思われるのです。

二〇一一年の三月十一日以後における、日本の社会の大きな変化によって、これまでの原発と放射能についての私たちの認識だけでなく、この国の民主主義のあり方についての私たちの認識も、根底から大きく変わろうとしています。そして、さらに、私たち自身が、本当の意味での「主権者」として、民主主義社会の担い手である「市民」になっていくための「学び」のあり方もまた、今、大きく変わろうとしているのではないでしょうか。

原発と放射能をどう教えるのかということを問うことは、単にその知識や情報を子どもたちにどう教えるのかということだけでなく、私たち大人自身が、それをどのように学び合い、この問題についてどのように考え、判断するのかということを問うことであり、この国の民主主義のあり方と、その担い手である「市民」の「学び」のあり方そのものを問うことでもあるように思います。

終章

未来への不安と大人への不信を超えて

○子どもたちの未来への不安と絶望

二〇一一年の夏、ある新聞の「読者の声欄」に載っていた福島県のあるお母さんからの投稿が目に留まりました。そこには、八歳になる娘さんが、その年の七夕の短冊に書き込んでいた「願い事」のことが紹介されていました。

しょう来、がんになりませんように。

まだ、小学校二年生なのに、自分の将来に起こるかもしれない放射線被ばくの影響について、不安に思っているこの子の気持ちと、そんなわが子の未来への不安について、心を痛めているお母さんの心情を思うと、なんとも言えない気持ちになりました。

この年の八月、福島の子どもたちが総理大臣や官僚たちに手紙を書いて渡すというイベントがありました。当時の総理大臣である菅直人首相は、辞める直前でしたので出席しませんでしたが、経済産業省や文部科学省の官僚たちに、福島から来た子どもたちが、自分たちが書いた手紙を直接、手渡ししたのでした。その中の一つで、小学校五年生の女の子の書いた手紙の一部を紹介します。

わたしの夢は去年と全くちがいます。放射線をなくしてほしいです。ひなんくいきにしてほしいです。平和な国にもどってほしいです。ふつうの子供を産みたいです。長生きしたいです。

今、福島県の多くの子どもたちは、たとえ声に出さなくとも、未来の自分たちの命と健康について大きな不安を抱いているだけでなく、自分自身の未来に対しての希望や夢を持つことも難しくなっているのではないでしょうか。

○　若者たちの大人への不満と不信

いっそのこと、原発なんて全部爆発しちゃえばいいんだ！

同じ頃、また別の新聞の「読者の声欄」に、福島県の高校の先生が紹介していた、ある高校生のこのような声には、なぜ自分たちだけが、このようなヒドい目に遭わなければならないのか！　という、大人たちへの怒りと不信が込められているように思います。

ある時、札幌市内のある大学で、一時間だけの特別講義として、私の「原発出前授業」をやらせてもらったことがありました。授業のあと、参加していた三百人近い学生たちに感想文を書いてもらいました。そこには、「原発についてよくわかりました」とか、「とてもためになるお話でした」というような、私の授業に対する好意的でポジティブな評価が多く書かれていました。けれども、教師であるなら、誰でも知っていることですが、こういう場合の感想文は、たとえ講師のお話がどんなに面白くなく、つまらないものであっても、好意的に書くのが「礼儀」なのであり、彼らは小学生の時から、そのような「感想文」を何度も書かされてきているのです。しかし、そんな中で、あえて率直に、ネガティブな評価を書き込んでくれた、学生たちの感想文がありました。

別にいいけど、夢も希望もない話をするな。そんなの分かりきっている話でしょう。…もう日本は終わっているんだよ。

このようなコメントの感想文を読んで、改めて感じさせられたのは、今回の原発事故によって、私たち大人は、今の子ども・若者たちの、夢も希望も、そして未来をも奪ってしまったのではないのか？　ということでした。この国に五十基以上もの原発をつくっていったのも、それを許してしまったのも、今の大人たちなのです。そんな大人たちがやってきた過ちについて、ことさら大げさに解説し、授業をしたところで、結局、学生たちにとってみれば、夢も希望もない自分たちの未来を突きつけられるだけの、暗くて絶望的なお話にすぎなかったのです。

このような感想文を書いてくれた学生は、ほんの一部だったかもしれませんが、おそらくはもっと多くの学生たち、いや今の多くの若者たちの中に、このような未来への絶望と、大人たちへの不満・不信が、広がっているのではないでしょうか。そのような若者たちに向けて、私自身がこれからも、原発や放射能についての「出前授業」をすることに、一体どのような意味があるのだろうかということを、改めて深く考えさせられました。

○　私たちが聞きたいのは「これからの話」です

けれども、また別の学生の一人が、このような感想文を書いてくれていました。

私たちが聞きたいのはこれからの話である。事故が起きて、だまされたって怒ってばかりじゃ前に進まないのだから。…しかし、最後に、（先生が言った）最終的に決めるのは自分だというニュアンスの言葉は、これまでの（原発について語られた）授業と違い、好印象だった。彼の話なら、まだ聞いても損はないかもしれない。

このような学生の言葉を読んで、私は本当に救われたような気がしました。そして、このような彼の思いに応えることが出来るような「これからの話」を、これからの私自身の「原発出前授業」の中でしていかなければならないのではないかということを、強く思わされたのでした。

ほとんどの子ども・若者たちは、普段このような未来への不安や絶望、そして大人への不満と不信の声を上げることはありません。なぜなら、彼らは、それを大人たちに言っても、どうしようもないということを、よく知っているからであり、もし、そのような言葉を大人たちに伝えたとしても、その声にしっかりと応えて、言葉を返してくれる大人たちが、ほとんどいないことを知っているからではないでしょうか。

今、起きている原発と放射能の問題について、きちんと対応出来ていない大人たちの姿、これまでやってきたことに反省もせず、責任も取らないで、再び同じことを繰り返そうとしている大人たちの姿、これからどうするのかという見通しも、ビジョンも提示できずに右往左往している大人たちの姿を、子ども・若者たちはしっかりと見ているのです。そして、そんな大人たちのぶざまな姿に、彼らは日々、不安と絶望、そして不満と不信を募らせているのだと思います。そんな子ども・若者たちに、私たち大人は、一体何を語り、何を教えるべきなのでしょうか？

○ 原発と放射能のことを教えるということ

原発と放射能のことを教えるということは、単にそれらについての知識や情報を子ども・若者たちに伝えるということだけでなく、原発や放射能とはどういうものなのか、これから原発と放射能に、どう対応していかなければならないのかを、子ども・若者たちと共に学び、共に考えることなのではないでしょうか。

学校で教師が教えることのほとんどには、「正解」があります。しかし、この原発と放射能の問題については、たった一つの「正解」というのは、ないのかもしれません。人類がこれまで核の技術を発見し、発展させてきたにもかかわらず、たとえば核廃棄物の処理一つ取り上げてみても、いまだに明確な解決方法が確立されてはいないのです。そして、放射線被ばくの問題にしても、それがどれほど深刻な影響をもたらすものなのかということについても、いまだによくわかってはいないのです。たぶん、原発と放射能という問題は、そのような「正解」のない問題なのだと思います。だからこそ、原発と放射能のことを教えるということは、そのような「正解」のない問題を、子ども・若者たちと共に学び、共に考えていくということなのではないでしょうか。

まず大事なことは、私たち大人が、原発と放射能についての本当のことをしっかりと学び合うことです。そして、今起きている原発と放射能の問題についてしっかりと考え、その問題にしっかりと向き合うこと。そして、これからの日本のエネルギー問題と未来の社会像についての見通しとビジョンをしっかりと考え、それに向けての努力を、今すぐ始めることだと思います。

そのような困難な事柄に、しっかりと立ち向かっていく大人たちの真剣な姿を見せることでしか、私たちは、子ども・若者たちに対して、未来への希望を語り、大人への信頼を回復することはできないのだと思います。そして、そこからでしか、私たち大人は、彼らに向けて原発と放射能のことを教えることは出来ないのではないでしょうか。

おわりに

『原発と教育』とは、ずいぶんと大仰なタイトルをつけてしまったなと思いましたが、福島第一原発の事故から、もう三年近くも経つのに、いまだにこの問題について、真正面から取り上げた本が、ほとんど世に出されていないことから、私のような一介の高校教師がこのようなタイトルの本を書くという無謀なことに挑んでしまいました。

「はじめに」にも書きましたが、私自身にとっては、「原発と放射能をどう教えるのか」というのは、単に原発と放射能についての知識や情報を、どのように教え、伝えるのかという「方法（ハウツウ）」の問題ではなく、この問題を教師として、そして一人の人間として、どう考えるのかという「基本的な考え方」の問題でした。そして、「原発と放射能をどう教えるのか」を考えるということは、これまで教育や学校の現場では「原発と放射能はどのように教えられてきたのか（こなかったのか）」について考えることでもありました。

当然ですが、私のような者が、大上段から「原発と教育」という問題について語ることは不可能でした。私が出来るのは、私自身が高校教師として生きてきた三十数年間に、自分自身が取り組んできたり、見たり聞いたりしてきた、教育や学校の現場での、個人的な体験を元にして、この「原発と教育」という問題を考えていくということでした。特に、この三年の間、私自身は、自分の勤めている学校での授業や、学校外での「原発出前授業」を通して、多くの生徒たちや市民の皆さんとともに、「原発と放射能」について多くのことを学ぶと共に、この問題について考える機会を与えて頂きました。おそらく、そのような経験がなければ、このようなことを考えることも、そしてこのような本を書くことも無かったと思います。そういった意味で、この本は、じつに多くの人たちとの「協同」によって書くことが出来た本だと言えると思います。

このような本を書くことになったきっかけは、日本生活教育連盟の機関誌である雑誌『生活教育』に、一年間「原発出前授業―市民のための学びをつくる―」という連載を書かせて頂く機会を与えてもらったことでした。この連載の中で、私がなぜ「原発と放射能の授業」や「原発出前授業」に取り組むことになったのか、その中で自分なりに感じてきたことや考えたことなどを書かせて頂きました。そこから、教師として、そして一人の人間として「これから原発や放射能をどう教えるのか」についても考えさせて頂いたのですが、そのことは同時に、「これまで原発や放射能はどう教えられてきたのか（こなかったのか）」を振り返って考えていくことでもありました。

当初、雑誌『生活教育』に連載した一年間の原稿をまとめて一冊の本にする予定だったのですが、連載終了後も、私自身が教師として生きてきたこの三十年以上の間に、教育や学校の現場では、「原発や放射能はどう教えられてきたのか（こなかったのか）」をいろいろと調べていくうちに、これまで私自身が知らなかったこと、気づかなかったことが、次々と明らかになっていきました。それは、私たち教師が知らないうちに、気づかないうちに、教育や学校現場の中に、「原子力ムラ」からの、様々なかたちでの「介入」が浸透していたこと、そして、それは「教育支援」というよりは、むしろ国策として進められてきた「原子力政策」についての「プロパガンダ（広報宣伝）」というようなものであったことでした。

このようなことを原稿として書いていくうちに、どんどんふくらんでいき、予想以上の量になってしまいました。その原稿の一部を、「原子力ムラと学校―教育という名のプロパガンダ―」というタイトルで、第24回「週刊金曜日ルポルタージュ大賞」に応募したところ、「選外期待賞」に入賞するということもありました。この内容だけで一冊の本にするということも考えましたが、これから「原発と放射能をどう教えるのか」を考えるためには、むしろ、これまで「原子力ムラ」によって原発と放射能が「どのように教えられようとしたのか」を振り返ってみることは、とても重要なことであるのではないかと考え、この本の中核に据えることにしました。

しかし、残念ながら私自身の勉強不足と力量不足から、とても『原発と教育』というタイトルどおりの内容の本を書き上げることは出来ませんでした。それでも、この本が、私自身にとっても、そしてこの問題を考える全ての人たちにとっても、これから子どもたちに「原発と放射能をどう教えるのか」についての「基本的な考え方」を見い出すための、なんらかのヒントとなることを願っています。

昨今の出版状況の大変厳しい中、このような本の出版を勧めてくださり、適切なアドバイスや励ましの言葉をかけて頂き、また原稿が書き上がるまで辛抱強く待ってくれた海象社の山田一志代表には、本当に感謝しております。最後に、この本を、私が「原発出前授業」を始めるきっかけと、学校の外へ踏み出す勇気を与えてくれた、今は亡き泉かおりさんに捧げます。

二〇一四年　三月　十一日

川原茂雄

川原茂雄（かわはら・しげお）

北海道立札幌琴似工業高等学校教諭（地歴公民科担当）
1957年、北海道長沼町生まれ。日本大学文理学部哲学科卒業。
1980年、北海道北部の下川商業高等学校の社会科教諭となる。
その年に、下川町で起きた「高レベル放射性廃棄物問題」をきっかけにして、原発と放射能の問題に関心を持ち、高校「現代社会」の授業の中で取り上げるようになる。
2011年3月11日に起きた福島第一原発の事故をきっかけに、再び「原発と放射能の授業」に取り組み、その年の5月から市民に向けての「原発出前授業」を始める。「わかりやすく」て「面白い」ということが評判となり、出前授業の注文が相次ぎ、その回数は2013年12月末までに250回に達している。
著書　『高校教師かわはら先生の原発出前授業①②③』
（明石書店、2012年）

＊この本の印税は「フクシマ子ども基金」を通して、福島の親子への支援に活用されます。

原発と教育　原発と放射能をどう教えるのか

2014年3月11日　初版発行

著者／川原茂雄

装丁／横本昌子

発行人／山田一志
発行所／株式会社　海象社
〒112-0012　東京都文京区大塚4-51-3-303
Tel.03-5977-8690　Fax.03-5977-8691
http://www.kaizosha.co.jp
振替　00170-1-90145
組版／オルタ社会システム研究所
印刷／モリモト印刷株式会社

© Shigeo Kawahara Printed in Japan
ISBN4-907717-40-7　C0036
乱丁・落丁本はお取り替えいたします。定価はカバーに表示してあります。

＊この本は、本文には再生紙と大豆油インクを使い、表紙カバーは環境に配慮したテクノフ加工としました。